Ein Handbuch der Moralphilosophie

Andrew P. Peabody

Writat

Diese Ausgabe erschien im Jahr 2024

ISBN: 9789359946252

Herausgegeben von
Writat
E-Mail: info@writat.com

Inhalt

Vorwort.

Dieses Buch wurde insbesondere für die Nutzung durch die Freshman-Klasse am Harvard College erstellt. Der Autor wollte gleichzeitig dem in unseren Gymnasien bestehenden Bedarf nach einem Handbuch der Moralwissenschaft gerecht werden, das für fortgeschrittenere Klassen geeignet ist.

Bei der Vorbereitung dieser Abhandlung hat sich der Autor keine Mühe gegeben, nicht zu sagen, was andere bereits gesagt haben. Dennoch ist das Buch originell, soweit ein solches Buch originell sein kann oder sein sollte. Der Autor hat nichts außer Dugald Stewarts Klassifikation der Wünsche direkt kopiert. Da er sich jedoch seit mehreren Jahren hauptsächlich mit der Ethik befasst, ist es sehr wahrscheinlich, dass vieles von dem, was er für seine eigenen Gedanken hält, von anderen Köpfen stammt. Natürlich ist ein nicht geringer Teil des Inhalts eines Werkes dieser Art gemeinsames Eigentum der Schriftsteller und muss in irgendeiner Form in jedem Grundhandbuch wieder auftauchen.

Sollte diese Arbeit positiv aufgenommen werden, hofft der Autor, für höhere College-Klassen ein Lehrbuch zu erstellen, das eine detailliertere und gründlichere Diskussion der Fragen umfasst, die zwischen den verschiedenen Schulen der Ethikwissenschaft – in Vergangenheit und Gegenwart – umstritten sind.

Kapitel 1.

Aktion.

Eine Handlung oder Handlung ist eine freiwillige Ausübung jeglicher körperlicher oder geistiger Kraft. Der Charakter einer Handlung, ob gut oder schlecht, hängt von der Absicht des Handelnden ab. Wenn ich also beabsichtige, meinem Nächsten durch eine bestimmte Handlung eine Wohltat zu erweisen, ist die Handlung meinerseits freundlich und daher gut, auch wenn er daraus keinen Nutzen zieht oder dadurch verletzt wird. Wenn ich meinem Nächsten Schaden zufügen möchte, ist die Handlung unfreundlich und daher schlecht, auch wenn sie ihm keinen Schaden zufügt oder ihm sogar zugute kommt. Wenn ich vorhabe, eine gute oder schlechte Handlung auszuführen und durch ein unvorhergesehenes Hindernis daran gehindert werde, ist die Handlung genauso mein Eigentum, als ob ich sie ausgeführt hätte. Worte, die irgendeine Bedeutung haben, sind Taten. Das gilt auch für Gedanken, die wir absichtlich aufrufen oder im Geist behalten.

Andererseits sind die Handlungen, zu denen wir gegen unseren Willen gezwungen werden, und die Gedanken, die unserem Geist ohne unsere eigene Zustimmung aufgezwungen werden, nicht unsere Handlungen. Dies trifft offensichtlich zu, wenn unsere Mitmenschen uns mit Gewalt zwingen, Dinge zu tun oder zu hören, die wir nicht tun oder hören wollen. Es ist einzig und allein ihre Handlung, und wir haben daran nicht mehr Anteil, als wenn wir rohe Tiere oder unbelebte Objekte wären. Es ist also die Absicht, die der Handlung Charakter verleiht.

Dass wir im Allgemeinen das tun, was wir tun wollen, daran besteht kein Zweifel. Wir handeln nicht unter *unmittelbarem* Zwang. Wir sind daher freie *Agenten* oder Schauspieler. Aber sind unsere Absichten frei? Liegt es in unserer Macht, etwas anderes zu wollen, als wir wollen? Wenn wir uns für eine gerechte oder freundliche Handlung entscheiden, liegt es dann in unserer Macht, uns für eine Handlung mit entgegengesetztem Charakter zu entscheiden? Mit anderen Worten: Ist der *Wille* frei? Wenn dem nicht so ist, dann sind die Absichten, die wir als unsere bezeichnen, nicht unsere eigenen, sondern müssen dem höheren Willen zugeschrieben werden, der unserem Willen die Richtung gegeben hat. Wenn Gott die Ordnung der Natur und den Lauf der Dinge so arrangiert hat, dass er meinen Willen in bestimmte Richtungen, ob gut oder böse, zwingt, dann ist er es, der das Gute oder Böse tut, was ich zu tun scheine. Unter dieser Annahme ist Gott der einzige Agent oder Akteur im Universum. Das Böse, wenn es verursacht wird, wird von Ihm allein verursacht; und wenn wir nicht zugeben können, dass das Höchste Wesen Böses tut, besteht die einzige Alternative darin, die Existenz des

Bösen zu leugnen und zu behaupten, dass das, was wir Böses nennen, eine wesentliche Rolle bei der Entstehung des Guten spielt. Wenn zum Beispiel die schrecklichen Ungeheuerlichkeiten, die Nero zugeschrieben werden, völlig schlecht waren, ist das Böse, das in ihnen steckte, nicht Nero, sondern Gott anzulasten; oder wenn behauptet wird, dass Gott nichts Böses tun kann, dann war Nero ein Instrument zur Förderung des menschlichen Glücks und Wohlergehens.

Welche Gründe haben wir für die Annahme, dass der menschliche Wille frei ist?

1. Wir haben den direkten Beweis des Bewusstseins. Wir sind uns nicht nur bewusst, dass wir tun, was wir wollen, sondern auch, dass wir unsere freie Wahl zwischen verschiedenen Objekten der Begierde, zwischen unmittelbarem und zukünftigem Genuss, zwischen Gut und Böse ausüben. Auch wenn uns das Bewusstsein manchmal täuscht, ist es der stärkste Beweis, den wir haben können; wir sind so beschaffen, dass wir unseren Glauben daran nicht verleugnen können; und unser Glaube daran ist die Grundlage aller Beweise und allen Wissens.

2. Wir sind uns der Verdienste oder Fehler, der Selbstgenehmigung oder Selbstverurteilung infolge unserer Handlungen klar bewusst. Wenn unser Wille von einer Kraft umgesetzt würde, die außerhalb unserer Kontrolle liegt, könnten wir uns selbst gratulieren oder Mitleid haben, aber wir könnten uns nicht für das, was wir getan haben, loben oder tadeln.

3. Wir loben oder tadeln andere für ihre guten oder schlechten Taten; und in unserem Verhalten ihnen gegenüber zeigen wir, dass wir glauben, dass sie nicht nur Glück oder Unglück hatten, sondern auch lobenswert oder tadelnswert. Soweit wir annehmen, dass ihr Wille durch Umstände beeinflusst wurde, die außerhalb ihrer Kontrolle liegen, betrachten wir sie mit verminderter Zustimmung oder Tadel. Auf der anderen Seite loben wir diejenigen, die sich inmitten starker Versuchungen zum Bösen für das Gute entschieden haben, und tadeln diejenigen aufs Schärfste, die in tugendhafter Umgebung und unter tugendhaftem Einfluss Böses getan haben. Nun muss unser Urteil über andere notwendigerweise aus unserem eigenen Bewusstsein abgeleitet werden, und wenn wir sie als freiwillige Wesen betrachten und behandeln, kann dies nur deshalb geschehen, weil wir wissen, dass unser eigener Wille frei ist.

Diese Argumente, die alle aus dem Bewusstsein abgeleitet sind, können nur dann direkt widerlegt werden, wenn die Gültigkeit des Bewusstseins als Grundlage des Glaubens geleugnet wird. Die Gegenargumente stammen aus bewusstseinsunabhängigen Quellen.

1. Der offensichtlichste Einwand gegen die Freiheit des menschlichen Willens ergibt sich aus der Macht der Motive. Es heißt: Wir handeln niemals ohne Motiv; wir geben immer dem stärksten Motiv nach; und Motive sind nicht unsere eigene Schöpfung oder Wahl, sondern werden unabhängig von unserem eigenen Handeln auf uns ausgeübt. Von der Schöpfung bis heute gab es eine ununterbrochene Reihe von Ursachen und Wirkungen, und wir können jeden menschlichen Willen auf eine oder mehrere frühere Ursachen zurückführen, die zu dieser unvermeidlichen Reihe gehören, sodass der Wille anders gewesen sein muss als es war so, dass irgendein Mitglied dieser Serie verdrängt worden sein musste.

Darauf lässt sich antworten:

(*a*) Wir sind in der Lage, ohne Motiv zu handeln, und wir handeln in unzähligen Fällen. Unter den Scholastikern war es ein weit verbreitetes Sprichwort, dass ein Esel in gleicher Entfernung von zwei gleichen Heubündeln verhungern würde, weil es keinen Grund gab, sich für eines von beiden zu entscheiden. Aber haben wir irgendein Motiv in den vielen Fällen, in denen wir – manchmal nach dem vergeblichen Bemühen, einen Grund unserer Vorliebe zu entdecken – zwischen zwei gleichermaßen wertvollen, schönen oder appetitlichen Objekten, zwischen zwei gleichermaßen angenehmen Wegen zum selben Endpunkt oder zwischen zwei wählen? zwei gleichermaßen angenehme Arten, einen freien Tag oder eine freie Stunde zu verbringen? Dennoch kann diese ohne Motiv getroffene Entscheidung eine fruchtbare Ursache für Motive sein, die in der Zukunft einen großen Einfluss haben werden. So kann es sein, dass man auf dem Weg, den man ohne erkennbaren Grund wählt, auf Personen oder Ereignisse stößt, die seinen gesamten Lebensplan verändern. Es gibt keineswegs wenige Fälle, in denen die entscheidendsten Ergebnisse auf eine völlig unbegründete Entscheidung zurückzuführen sind.

(*b*) Motive gleicher Stärke wirken unterschiedlich auf unterschiedliche Temperamente. Dasselbe Motiv hat, wenn es allein steht und kein gegensätzliches Motiv hat, nicht die gleiche Wirkung auf unterschiedliche Geister. Es gibt im Willen eines jeden Menschen eine gewisse – bei manchen größere, bei anderen geringere – Zurückhaltung gegenüber Handlungen, die der *vis inertiæ* in unbelebten Substanzen entspricht ; Und wie der Impuls, der eine Holzkugel bewegt, möglicherweise nicht ausreicht, um eine Bleikugel zu bewegen, so kann es sein, dass der Beweggrund, der ein schnelles und sensibles Temperament in Gang setzt, bei einem Menschen mit trägerer Natur keine Wirkung hervorruft. So gibt es unter den Menschen, denen es an Ehrlichkeit mangelt, einige, die durch die dürftigsten Gelegenheiten zum Diebstahl oder Betrug in Versuchung geführt werden; Bei anderen, die kein bisschen gewissenhafter sind, wird ihre Gier nur durch die Aussicht auf einen erheblichen Gewinn geweckt. Ebenso werden einige aufrichtig wohlwollende Menschen durch die geringsten Bedürfnisse und Leiden zu wohltätigen Taten bewegt; andere, ebenso gütige und großzügige, erwecken ihr Mitgefühl nur bei ernsten Anlässen und durch zwingende Ansprüche. Motive haben also keine bestimmte und berechenbare Stärke, sondern eine Kraft, die je nach dem vorherigen Charakter der Person, an die sie gerichtet sind, variiert. Darüber hinaus ist die größere oder geringere Anfälligkeit für Motive von außen kein durch Bildung oder Umgebung hervorgerufener Unterschied; denn es kann bei Kindern von der frühesten Charakterentwicklung an verfolgt werden. Es kann auch nicht erblich sein; denn es kann bei Kindern derselben Eltern und nicht selten bei Zwillingen gefunden werden, die unter genau der gleichen Fürsorge, Unterweisung und Disziplin aufgezogen werden.

(*c*) Äußere Motive sind nicht die Ursachen einer Handlung, sondern lediglich ihre Anlässe oder Gelegenheiten. Die Ursache der Handlung liegt bereits im Charakter des Handelnden, bevor das Motiv zum Vorschein kommt. Ein Goldbeutel, der unbemerkt gestohlen werden kann, ist ein unwiderstehliches Motiv für einen Dieb oder für eine Person, die zwar zuvor kein Dieb war, aber habgierig und prinzipienlos ist; aber derselbe Geldbeutel könnte einem ehrlichen Mann einen Monat lang jeden Tag im Weg liegen, und das würde ihn nicht zu einem Dieb machen. Wenn ich das Vorhandensein eines Motivs erkenne, muss ich eine Handlung ausführen, sei es äußerlich oder innerlich; Aber ob diese Handlung dem Motiv entspricht oder in die entgegengesetzte Richtung geht, hängt von meinem bisherigen Charakter und meinen Handlungsgewohnheiten ab.

(*d*) Der von uns betrachtete Einwand geht ohne hinreichenden Grund davon aus, dass die Phänomene menschlichen Handelns denen der Bewegung in der materiellen Welt sehr ähnlich sind. Die Analogie versagt in mehreren Punkten. Kein materielles Objekt kann ohne äußere Ursache auf sich selbst einwirken und seine eigene Natur, Anpassungen oder Verwendung ändern. Aber der menschliche Geist kann ohne äußeren Anlass auf sich selbst reagieren, etwa durch Reue, ernsthaftes Nachdenken, religiöse Absichten und Ziele. Wenn andererseits zwei oder mehr Kräfte in unterschiedlichen Richtungen auf ein materielles Objekt einwirken, erfolgt seine Bewegung nicht in die Richtung einer von beiden oder mit dem Impuls, der von beiden abgeleitet wird, sondern in einer Richtung und mit einem Impuls, der sich aus der Zusammensetzung dieser Kräfte ergibt ; wohingegen der menschliche Wille bei Vorhandensein von zwei oder mehr Motiven der Richtung nur eines dieser Motive folgt und sich der Kraft dieses Motivs unterwirft. Wir sind daher nicht befugt, über die Macht der Motive zu urteilen, die sich aus der Wirkung materieller Kräfte ergeben.

(*e*) Wären die Argumente gegen die Willensfreiheit logisch fundiert und unwiderlegbar, würden sie gegen die Aussage des Bewusstseins nichts nützen. Axiome, intuitive Überzeugungen und Wahrheiten des Bewusstseins können durch Argumentation weder bewiesen noch widerlegt werden; und die Argumentation, mit der sie widerlegt zu sein scheinen, zeigt nur, dass sie außerhalb des Rahmens und der Reichweite von Argumenten liegen. Daher kann mit gutem Grund behauptet werden, dass eine Bewegung unmöglich sei; denn ein Objekt kann sich nicht bewegen, wo es ist, und kann sich auch nicht bewegen, wo es nicht ist – ein Dilemma, das die Realität der Bewegung nicht widerlegt, sondern lediglich darauf hinweist, dass die Realität der Bewegung, da es sich um einen intuitiven Glauben handelt, weder einen logischen Beweis benötigt noch zulässt.

2. Der Freiheit des menschlichen Willens wird vorgeworfen, dass sie nicht mit Gottes Vorherwissen über zukünftige Ereignisse vereinbar sei und daher das Höchste Wesen als nicht allwissend und in diesem Zusammenhang als endlich und unvollkommen darstelle.

Auf diesen Einwand antworten wir:

(*a*) Wenn die menschliche Freiheit und das göttliche Vorwissen über menschliche Handlungen miteinander unvereinbar sind, müssen wir dennoch die Freiheit des Willens als Wahrheit des Bewusstseins bewahren; Denn wenn wir unser eigenes Bewusstsein diskreditieren, können wir nicht einmal dem Akt des Verständnisses trauen, durch den wir es außer Kraft setzen, und diesen Akt erkennen wir allein durch das Zeugnis des Bewusstseins.

(*b*) Wenn die Handlungen eines freiwilligen Wesens nicht vorhergesehen werden können, beeinträchtigt die Unwissenheit darüber nicht die Vollkommenheit des Höchsten Wesens. Allmacht kann nicht zwei und zwei fünf machen. Allmacht kann nicht tun, was an sich unmöglich ist. Die Allwissenheit kann nicht mehr wissen, was an sich unerkennbar ist.

(*c*) Wenn Gottes Vorherwissen vollständig ist, muss es seine eigenen Taten einschließen, nicht weniger als die der Menschen. Wenn sein Vorwissen über die Handlungen der Menschen mit ihrer Freiheit unvereinbar ist, dann ist auch sein Vorwissen über seine eigenen Handlungen mit seiner eigenen Freiheit unvereinbar . Nach der Theorie der Notwendigkeit haben wir daher statt eines Höchsten Willens auf dem Thron des Universums bloßes Schicksal oder Schicksal. Dies ist gleichbedeutend mit der Leugnung eines persönlichen Gottes.

(*d*) Es lässt sich nicht beweisen, dass Gottes Vorwissen und der freie Wille des Menschen unvereinbar sind. Das Beste, was wir sagen können, ist, dass wir nicht vollständig erkennen, wie sie miteinander in Einklang gebracht werden sollen, was bei vielen Paaren unbestrittener Wahrheiten der Fall ist, die man nennen könnte. Aber während eine perfekte Erklärung der

Harmonie des göttlichen Vorwissens und der menschlichen Freiheit den Rahmen unserer Fähigkeiten sprengt, können wir sie teilweise aus eigener Erfahrung erklären. Das menschliche Vorherwissen reicht sehr weit und mit großer Sicherheit, ohne die Freiheit derjenigen einzuschränken, auf die es sich bezieht. Wenn wir äußere Ereignisse vorhersehen können, können wir oft ohne große Fehlergefahr die Verhaltensweisen vorhersagen, zu denen sie führen werden. Angesichts des Ausmaßes und der Genauigkeit menschlicher Voraussicht können wir es nicht für unmöglich halten, dass derjenige, der über Vorwissen über die natürliche Konstitution jedes Menschen und über die prägenden Umstände und Einflüsse verfügt, denen jeder Mensch ausgesetzt ist, die Handlungen der Menschen vorhersehen kann , obwohl ihr Wille völlig frei ist.

Kapitel II.

Die Quellen des Handelns.

Es gibt bestimmte Elemente der menschlichen Konstitution, teils natürlich, teils erworben, die den Menschen immer zum Handeln veranlassen und drängen, ohne Bezug auf das Gute oder Böse, das in der Handlung enthalten sein mag, und ohne Bezug auf ihre letztendlichen Auswirkungen auf den Handelnden Wohlbefinden. Dies sind die Begierden, Wünsche und Zuneigungen.

Abschnitt I.

Der Appetit.

Der Appetit ist ein Verlangen des Körpers, das angepasst und zweifellos dazu bestimmt ist, das weitere Leben des Individuums und die Erhaltung der Art zu sichern. Sie sind dem Menschen mit den niederen Tierstufen gemeinsam, mit dem Unterschied, dass sie beim Menschen kontrolliert, gelenkt, verändert und teilweise unterdrückt werden können, während sie bei Tieren unkontrollierbar sind und immer auf die gleichen Arten der Befriedigung abzielen.

Der Appetit ist sporadisch. Wenn es befriedigt wird, hört es eine Zeit lang auf und wird für dieselbe Person fast in denselben Abständen und unter ähnlichen Umständen erneuert. Es ist, solange es anhält, ein unangenehmes, sogar schmerzhaftes Gefühl und erfordert daher eine sofortige Linderung und führt zu Maßnahmen im Hinblick auf eine solche Linderung. Es ist auch ein Merkmal des Appetits, dass seine Befriedigung nicht nur mit Erleichterung, sondern mit positivem Vergnügen einhergeht.

Der Appetit ist für das Wohlbefinden des Menschen, individuell und kollektiv, von entscheidender Bedeutung. Gäbe es nicht den Schmerz von Hunger und Durst und die Freude, sie zu stillen, würden sowohl Trägheit als auch fesselnder Fleiß die Aufmerksamkeit der Menschen von ihren körperlichen Bedürfnissen ablenken; Die Nahrungsaufnahme erfolgte unregelmäßig und ohne Rücksicht auf die Qualität. und oft wurde man sich seiner Vernachlässigung erst zu spät bewusst, um deren Folgen abzuwenden. Ähnliches gilt für den Appetit, der auf die Erhaltung der Art abzielt. Es kann jedoch bezweifelt werden, dass die Menschen bereitwillig die Sorgen, Mühen, Verantwortungen und eventuellen Enttäuschungen und Sorgen auf sich nehmen würden, die mit der Kindererziehung einhergehen.

In einem naturgemäßen Leben treten Hunger und Durst nur dann wieder auf, wenn der Körper tatsächlich die Versorgung benötigt, nach der er verlangt. Aber anregende Nahrung kann durch die Reaktion, die einer starken Erregung eines Teils des Nervensystems folgt, Hunger erzeugen, wenn kein Bedarf an Nahrung besteht, und in ähnlicher Weise können nicht nur berauschende, sondern auch stark anregende Flüssigkeiten eine übermäßige, krankhafte, und schädlicher Durst.

Der Appetit wird durch Gewohnheit verändert. Es gibt kaum eine Substanz, die so anstößig ist, dass sie durch den Gebrauch nicht angenehm, dann zum Gegenstand der Begierde und schließlich zu einem intensiven Verlangen wird.

Das Verlangen nach Ruhe und das Verlangen nach Muskeltätigkeit gehören zwar nicht zu den Begierden, haben aber alle ihre Merkmale und dienen in der Ökonomie des menschlichen Lebens ähnlichen Zwecken. Nach einer gewissen Zeit der Aktivität wird Ruhe als körperliche Notwendigkeit empfunden, ebenso wie Essen nach langem Fasten; und in gleicher Weise besteht, wenn die ermüdeten Muskeln ihre gebührende Ruhe gefunden haben, ein unwiderstehlicher Drang, sie zu trainieren, ohne Bezug auf eine besondere Beschäftigung oder Erholung. Durch den Wechsel dieser Tendenzen werden die Aktiven und Fleißigen vor den verheerenden Folgen einer Überbeanspruchung ihrer Gliedmaßen oder ihres Gehirns bewahrt, und die Trägen werden zu widerwilliger Aktivität gedrängt, ohne die Gesundheit und Leben selbst geopfert würden.

Da es sich bei den Begierden lediglich um körperliche Impulse handelt, die alle dem Übermaß oder der Fehlleitung unterliegen, ist die Kontrolle des Willens und der Handlungsprinzipien erforderlich, durch die der Wille bestimmt und reguliert wird.

Abschnitt II.

Die Wünsche.

Die Wünsche unterscheiden sich von den Begierden erstens dadurch, dass sie nicht vom Körper ausgehen; zweitens, weil sie nicht unbedingt intermittierend sind; und drittens in ihrer Tendenz, sich oft im Laufe des Lebens unbegrenzt zu vermehren und durch das Erreichen ihrer spezifischen Ziele an Stärke zu gewinnen. Bei einer Klassifizierung nach ihren Objekten könnten sie zu zahlreich erscheinen, als dass sie näher spezifiziert werden könnten. aber sie alle können unter den Titeln des Verlangens nach Wissen, nach Gesellschaft, nach Wertschätzung, nach Macht und nach Überlegenheit zusammengefasst werden. Diese können alle in mehr oder weniger rudimentärer Form bei den minderwertigen Tieren nachgewiesen werden. Viele dieser Tiere zeigen eine aktive Neugier. Viele leben in ihrem Heimatstaat gesellig , und die meisten Haustiere erfreuen sich an der Gesellschaft ihrer Art; manche haben offensichtliche Freude an der menschlichen Gesellschaft; und es kommt keineswegs selten vor, dass Tiere, die von Natur aus einander feindlich gegenüberstehen, sich stark aneinander binden und einander die freundlichsten Dienste leisten. Der Hund, das Pferd und die Katze sehnen sich offensichtlich nach der Wertschätzung der Menschen und zeigen Zeichen echter Trauer, wenn sie Zurechtweisungen auf sich ziehen oder Zeichen der Missbilligung erkennen. Der Hund wahrt mit wachsamer Eifersucht seine eigene Autorität in seinem eigenen, besonderen Bereich; und bei der Jagd oder auf dem Rennplatz sind Hund und Pferd ebenso auf Erfolg bedacht wie ihre Herren.

1. Der Wunsch nach Wissen. Dies manifestiert sich im Menschen mit dem frühesten Anbruch der Intelligenz. Der Säugling ist während seiner wachen Stunden mit Auge und Hand beschäftigt; und dass der Wunsch nach Wissen angeboren ist und keinen Bezug zu der Verwendung der bekannten Dinge hat, zeigt sich aus dem raschen Wachstum des Wissens in den ersten Lebensjahren, bevor das Kind eine klare Vorstellung davon hat Verwendung von Gegenständen oder die bewusste Fähigkeit, sie zu seinem eigenen Vorteil einzusetzen. Es darf bezweifelt werden, ob in einem weiteren Lebensjahr so viel Wissen erworben wird wie im ersten Jahr. Das Kind im Alter von nur einem Jahr hat die Natur der vertrauten Gegenstände des Hauses und der Straße, die Gesichter und Namen einer großen Anzahl von Verwandten, Dienstboten und Bekannten, die regelmäßige Abfolge von Jahreszeiten und Ereignissen im täglichen häuslichen Leben usw. gelernt die Bedeutung der meisten Wörter, die an ihn gerichtet oder in Bezug auf ihn und die ihn umgebenden Gegenstände verwendet werden. Im fortgeschritteneren Leben wächst dieses Verlangen durch das, wovon es sich ernährt, und hört nie auf, aktiv zu sein. Es nimmt in der Tat verschiedene Richtungen ein, die teils bestimmend, teils durch die Lage, den Beruf oder die Beschäftigung bestimmt sind. Selbst im müßigsten und frivolsten Zustand ist es stark, oft intensiv, auch wenn seine Ziele wertlos sind. Solche Personen sind häufig ebenso eifrig beim Sammeln des dürftigen Klatsches der Gesellschaft wie der Naturforscher beim Erwerb von Wissen über neue Pflanzen- oder Insektenarten und ebenso genial in ihren Schlussfolgerungen aus dem, was sie sehen und hören, wie der Philosoph bei seinen Schlussfolgerungen aus den Tatsachen Wissenschaft.

Nicht nur im Säuglingsalter, sondern im Laufe des Lebens wird Wissen offensichtlich um seiner selbst willen und nicht nur um seines Nutzens willen angestrebt. Aber ein sehr kleiner Teil dessen, was man weiß, kann von praktischem Nutzen für sein eigenes Wohlbefinden oder seinen eigenen Verdienst sein. Tatsächlich opfern viele freiwillig Bequemlichkeit, Gewinn und Position, um sich der Wissenschaft oder Literatur zu widmen. Ruhm ist, wenn er entsteht, nicht unwillkommen; aber von der höheren Geistesebene wird Ruhm nicht als Ziel verfolgt, und es gibt viele Wissensgebiete, in denen man wenig oder gar keinen Ruf erlangen kann. Dann ist es auch nicht der Lernende, sondern der Lehrer, nicht nur der profunde Gelehrte, sondern der fähige Ausleger, Redner oder Schriftsteller, der einen angesehenen Namen erwarten kann; während es viele gibt, die sich damit begnügen, sich Wissen anzueignen, ohne Werbung zu machen. Auch Güte kann die Liebe zum Wissen noch nicht erklären. Tatsächlich machen viele ihre Errungenschaften zum Eigentum anderer und sind eifrig dabei, ihre eigenen wissenschaftlichen Ansichten zu verbreiten oder in ihren eigenen Abteilungen Unterricht zu erteilen. Aber es gibt auch viele einsame, zurückgezogene Studenten; und es kann bezweifelt werden, ob, wenn ein Mann, der sich ernsthaft mit irgendeiner intellektuellen Tätigkeit beschäftigt, gänzlich aus der menschlichen Gesellschaft ausgeschlossen und mit seinen Büchern oder der Natur allein gelassen würde, sein Fleiß nachlassen würde oder sein Eifer nachlassen würde.

2. Der Wunsch der Gesellschaft. Auch dies zeigt sich bereits so früh, dass es sich um ein ursprüngliches und nicht um ein erworbenes Prinzip handelt. Kleine Kinder haben Angst vor der Einsamkeit, sehnen sich nach der Anwesenheit bekannter Gesichter und zeigen Freude an der Gesellschaft von gleichaltrigen Kindern. Ein Kind, das in verhältnismäßiger Abgeschiedenheit und Stille aufgezogen wird, so zärtlich es auch sein mag, leidet oft an seiner Gesundheit, aber immer an geistiger Kraft und Elastizität; Während das einzelne Kind in einer großen Familie und im engen Umgang mit Gleichaltrigen die volle und schnellste Entwicklung aller seiner Kräfte erlebt. Tatsächlich gibt es im Leben vieler Kinder eine Zeit, in der die Anwesenheit von Fremden unerwünscht ist; Aber dieser Gefühlszustand — der selten von langer Dauer ist — lässt sich in den meisten Fällen auf einen plötzlichen Schrecken, eine raue Stimme oder eingebildete Vernachlässigung oder Unfreundlichkeit zurückführen.

Der natürliche Verlauf des menschlichen Lebens beweist, dass der Mensch zwangsläufig ein soziales Wesen ist. Die Jungen anderer Tiere werden sehr früh von ihren Eltern emanzipiert und verlassen, während das menschliche Kind viele Jahre lang abhängig ist und kaum bereit ist, auf den Schutz und die freundlichen Dienste seiner Heimat zu verzichten, wenn es dorthin umgezogen wird sich ein neues Zuhause schaffen.

Es gibt keine Lebensaufgabe, bei der eine Interessengemeinschaft nicht zusätzlichen Schwung und Energie verleiht. Es gibt keinen möglichen Grund der Verbindung, auf dem nicht Gesellschaften gegründet werden, und die trivialen, fiktiven oder imaginären Vorwände, auf deren Grundlage sich Menschen auf diese Weise zusammenschließen, treffen und gemeinsam handeln, sind offensichtliche Beweise für eine soziale Neigung, die so stark ist, dass sie Gründe dafür schafft seine Nachsicht, wenn solche Gründe nicht bereits vorliegen. Sogar in der Wissenschaft und in den abstrusesten Formen der Gelehrsamkeit suchen gelehrte Männer nach gegenseitiger Zustimmung und Ermutigung und unterbrechen bereitwillig ihre einsamen Forschungen und Studien, um sich über die Themen und Ziele, denen sie nachgehen, auszutauschen. Die Fälle, in denen die Gesellschaft freiwillig gemieden oder verlassen wird, sind ebenso selten wie die Fälle angeborener Krankheiten oder Missbildungen; und für jeden solchen Fall kann im Allgemeinen ein schwerwiegender, wenn nicht ausreichender Grund angegeben werden. Religiöse Askese hat in der Tat viele Menschen, besonders in der frühen christlichen Zeit, dazu veranlasst, ein einsames Leben zu führen; aber die Cœnobiten waren den Einsiedlern immer zahlenmäßig weit überlegen; *Klöster* (einsame Wohnstätten) sind zu *Klöstern* (Assemblagen) geworden; und diejenigen, die vom Rest der Welt ausgeschlossen sind, finden Trost in geselliger Hingabe, im gemeinsamen Refektorium und in den Zeiten der Erholung, in denen das Gesetz des Schweigens außer Kraft gesetzt ist. Für Gefangene hat sich die Einzelhaft als schädlich für Körper und Geist erwiesen, und dieses System, das mit philanthropischen Absichten eingeführt und aus Gründen gelobt wurde, die eng mit der Besserung der Schuldigen verbunden zu sein schienen, wird heute allgemein abgelehnt, weil es der menschlichen Natur Gewalt antut. Selbst für Geisteskranke ist die Gesellschaft mit vernünftiger Klassifizierung und Einschränkung ein wesentlicher Bestandteil der Heilbehandlung, und der Erfolg von Anstalten im Vergleich zur geschicktesten und humansten Privatbehandlung ist zu einem großen Teil dem sozialen Element zu verdanken.

Es kann nicht behauptet werden, dass der Wunsch der Gesellschaft aus Angst und dem empfundenen Bedürfnis nach gegenseitigem Schutz resultiert; denn es existiert in vollem Umfang in den furchtlosesten Phasen des Lebens und bei denen, die am wenigsten ängstlich sind, und zeigt sich gleichermaßen bei den Starken und den Schwachen, bei denen, die Schutz bieten können, und bei denen, die sich nach Schutz sehnen könnten.

3. Der Wunsch nach Wertschätzung. Es ist fast überflüssig zu sagen, dass dies ein angeborener und unzerstörbarer Bestandteil der menschlichen Konstitution ist. Seine ersten Manifestationen reichen bis in die Zeit der frühesten Manifestationen von Intelligenz und Zuneigung zurück. Für den Säugling ist Zustimmung eine Belohnung; Zurechtweisung ist Strafe, auch wenn sie nur optisch erscheint. Die Hoffnung auf Wertschätzung ist das gesündeste und wirksamste Stimulans bei den schwierigen Aufgaben der Kindheit und des Schullebens. Unter der Disziplinierung kluger und guter Eltern gehört sie zu den wichtigsten und heilsamsten Mitteln moralischer Disziplinierung. Bei jungen Menschen ist es selten mangelhaft. Ihre größte Gefahr liegt in ihrem Übermaß; denn wenn es zu stark entwickelt ist, neigen sie dazu, vorerst unter allen Umständen die Zustimmung ihrer Mitarbeiter einzuholen. Daher besteht die größte Gefahr, die von bösartigen oder skrupellosen Mitarbeitern ausgeht. Die ersten Schritte in Richtung Laster werden zweifellos häufiger durch den Wunsch nach selbstgefälliger Rücksichtnahme durch die eigenen Gefährten veranlasst als durch eine vorhergehende Neigung zum Bösen. Tatsächlich wird oft zugegeben, dass diese Schritte mit Reue und Entsetzen unternommen wurden, allein aus Angst vor Spott und aus dem Wunsch heraus, die Zustimmung und Gunst älterer Übertreter zu gewinnen.

Andererseits ist der Wunsch nach Wertschätzung guter Menschen eines der stärksten Hilfsmotive der Tugend; während die Sehnsucht nach der göttlichen Anerkennung ein wesentlicher Bestandteil wahrer Frömmigkeit gegenüber Gott ist.

4. Das Verlangen nach Macht. Dies manifestiert sich in jedem Lebensabschnitt und in der Ausübung aller körperlichen, geistigen und moralischen Fähigkeiten. Das ist es, was uns Freude an einsamen körperlichen Kraftübungen macht, am Bergsteigen, Schwimmen, Heben schwerer Gewichte und der Ausführung schwieriger gymnastischer Kunststücke. Es ist mehr als vorsätzliche Grausamkeit, die Jungen dazu verleitet, Tiere zu quälen oder ihre schwächeren oder schüchterneren Gefährten zu unterdrücken und zu quälen.

Bei intellektuellen Bestrebungen führt die Liebe zur Macht zu vielen Übungen und Anstrengungen, die kein weiteres Ergebnis haben. Der Mathematiker wird sein Studium aufgeben, um ein Problem zu lösen, das kein neues Prinzip beinhaltet, sondern lediglich schwierig und verwirrend ist. Das Lesen von Büchern, die unklar geschrieben sind oder in Sprachen verfasst sind, die äußerste Analysefähigkeiten erfordern, hat häufig kein anderes Ergebnis und wahrscheinlich auch keinen anderen Zweck als die

Prüfung der Stärke. Was nur durch anstrengende geistige Arbeit erreicht werden kann, wird gerade deshalb angestrebt, auch wenn es keinen Nutzen verspricht.

In den Angelegenheiten des praktischen Lebens möchte jeder seinen Einfluss geltend machen. Bei Personen mit höchstem Charakter manifestiert sich die Liebe zur Macht in Verbindung mit dem Ziel, nützlich zu sein. Auch wenn die bescheidensten Männer Schmeicheleien ablehnen, freuen sie sich über das Wissen, dass sie dem Willen ihrer Mitmenschen folgen und deren Charakter prägen.

Die Liebe zum Eigentum gehört zu einem großen Teil hierher. Geld ist Macht, und das gilt vor allem heutzutage. Eigentum verleiht Einfluss und stellt Ressourcen zur Verfügung, die das Mittel zu ausgedehnter und wachsender Macht sowohl über die unbelebte Natur als auch über den Willen der Menschen sein können. Geiz oder der Wunsch nach Geld um seiner selbst willen ist kein ursprünglicher Wunsch. Nur wenige oder gar keine Menschen sind schon in jungen Jahren geizig. Aber Geld, das zunächst wegen der Macht gesucht wurde, die es verleiht, wird vom Mittel zum Zweck, und zwar in einem solchen Ausmaß, dass der Geizhals, um es zu besitzen, auf genau die Zwecke verzichten wird, für die er es zu Beginn schätzen gelernt hat.

5. Der Wunsch nach Überlegenheit. Dies ist in allen Gesellschaftsverhältnissen und in allen Lebensabschnitten so nahezu universell , dass es als ein ursprüngliches Element der menschlichen Natur angesehen werden muss. Ohne sie gäbe es kaum Fortschritte. In jedem Bereich des Lebens regen sich Männer gegenseitig zu einem höheren Maß an Bemühung, Leistung oder Exzellenz an. Was jeder tut, möchte sein Nachbar gern übertreffen; was jeder wird, das möchte sein Nächster gerne übertreffen. Nur durch Perversion neigt dieses Verlangen zum Bösen. Es findet seine eigentliche Befriedigung nicht darin, einen Rivalen zu vernichten, zu unterdrücken oder zu verletzen, sondern nur darin, ihn zu überholen und zu übertreffen; und je höher sein Erreichungspunkt ist, desto größer ist die Selbstgefälligkeit, die er empfindet, wenn er ihn erreicht und überschreitet. Auf dem Renngelände möchte ich nicht mit einem langsamen Läufer konkurrieren, und es wird mir auch nicht die geringste Befriedigung verschaffen, das Rennen zu gewinnen, indem ich meinem Konkurrenten ein Bein stelle. Was ich möchte, ist, mich mit dem besten Läufer auf einem fairen Feld zu messen und zu zeigen, dass er ebenbürtig oder überlegen ist. Das angestrebte Ziel ist das eigene Ideal des Einzelnen und diejenigen, die er auf seinem Weg nach und nach überholt, auf dem Weg zu diesem Ideal jedoch nach und nach fortschreitet. Daher ist es nur ein gemeiner und schlechter Mensch, der sich im Streben nach moralischer Exzellenz vorstellen kann, etwas zu gewinnen, wenn er die Verdienste anderer schmälert; Aber wer aufrichtig um einen hohen Platz unter tugendhaften Männern kämpft, freut sich über die herausragenden Beispiele von Güte jeglicher Art, die er nachahmen darf, und freut sich vor allem über das Ideal vollkommener Exzellenz – einst nur in menschlicher Form verwirklicht – ist so rein und erhaben, dass es sein Lebenswerk sein könnte, sich ihm zu nähern, ohne es zu erreichen.

Nachahmung ist kein Neid und muss auch nicht zu Neid führen. Unter denen, die nach Überlegenheit streben, muss es keinen Konflikt geben. Der natürliche Wunsch besteht darin, überlegen zu *sein* und nicht zu *erscheinen* ; das Bewusstsein und nicht den bloßen äußeren Anschein einer hohen Errungenschaft zu haben; und des Erreichens, nicht nach einem konventionellen, sondern nach einem absoluten Standard; und dieses Ziel schließt niemanden aus – es kann so viele erste Plätze geben, wie es würdige Kandidaten dafür gibt. Darüber hinaus gibt es eine so große Vielfalt an Idealen, sowohl im Grad als auch in der Art, es gibt so viele verschiedene herrschende Ziele und so viele verschiedene Wege, auf denen diese Ziele verfolgt werden, dass die Gefahr einer gegenseitigen Beeinträchtigung kaum bestehen muss. Selbst was äußere Belohnungen angeht, soweit sie von der Fülle der Natur, der Verfassung der Gesellschaft oder der allgemeinen Wertschätzung und dem guten Willen der Menschen abhängen, schließt der Erfolg eines Einzelnen den gleichen Erfolg vieler nicht aus; aber andererseits kann der verdiente Wohlstand und die Ehre des Einzelnen nicht umhin, der gesamten Gemeinschaft zugute zu kommen. Nur bei Ämtern, die von einer Wahl oder Ernennung abhängig sind, besteht für den Bewerber ein hohes Risiko des Scheiterns; Aber wenn man bedenkt, wie niederträchtig Männer oft gezwungen sind, sich in ein Amt zu schleichen und darin zu kriechen, kann man kaum annehmen, dass ein echter Wunsch nach Überlegenheit einen herausragenden Platz unter den Motiven derjenigen einnimmt, die bereitwillig auf Mäzenatentum oder das Wahlrecht des Volkes angewiesen sind .

Je nachdem, ob das eine oder das andere die Oberhand hat, veranlassen diese Wünsche zum Handeln, ohne Rücksicht auf das Gute oder das Böse, das in dem Handeln enthalten sein mag; und deshalb brauchen sie die Kontrolle der Vernunft und der Prinzipien, die die Vernunft in der Führung des Verhaltens anerkennt.

Abschnitt III.

Die Zuneigungen.

Die Zuneigungen unterscheiden sich von den Wünschen vor allem durch diese beiden Besonderheiten: erstens, dass die Wünsche auf unpersönliche Objekte gerichtet sind, die Zuneigungen auf Personen; und zweitens, dass die Wünsche zu Handlungen anregen, die einen direkten Bezug zum eigenen Selbst haben; die Zuneigungen, zu Handlungen, die einen direkten Bezug zu anderen haben.

Die Zuneigungen sind **wohlwollend** oder **böswillig** .

1. Die **wohlwollenden Zuneigungen** sind Liebe, Ehrfurcht, Dankbarkeit, Freundlichkeit, Mitleid und Mitgefühl.

Liebe braucht keine Definition und lässt keine zu. Es existiert wahrscheinlich nie ohne Ursache; obwohl es alle realen oder eingebildeten Gründe dafür überdauert und in manchen Fällen durch die eingestandene Unwürdigkeit seines Gegenstands nur noch intensiver erscheint. Wenn sie nicht der Grund für die Ehe ist, kann sie kaum umhin, aus der ehelichen Beziehung zwischen einem Mann und einer Frau hervorzugehen, wenn die gegenseitigen Pflichten, die zu dieser Beziehung gehören, als heilig angesehen werden. Es ist unvorstellbar, dass eine Mutter ihr Kind nicht lieben sollte, das vom ersten Moment seines Lebens an unweigerlich auf ihren Schutz angewiesen ist; Der Vater, der die Fürsorge eines Vaters auf seine Kinder ausdehnt, findet in dieser Fürsorge eine ständige Quelle der Liebe; und die Kinder, die unter der Leitung elterlicher Güte und Güte ins bewusste Leben erwachen, haben keine so frühe Emotion und keine so starke frühe Emotion wie die kindliche Liebe. Es kann bezweifelt werden, ob zwischen den Mitgliedern derselben Familie eine *natürliche* Zuneigung besteht, die unabhängig von im häuslichen Leben praktisch anerkannten Beziehungen besteht. Es ist sehr sicher, dass an beiden Enden der sozialen Skala die familiäre Zuneigung einerseits durch die Übertragung elterlicher Pflichten an Tagelöhner und andererseits durch die Unfähigkeit, diese ständig und effizient zu erfüllen, beeinträchtigt werden kann. Wir können auch einen Unterschied in der familiären Zuneigung beobachten, der indirekt auf den Einfluss des Klimas zurückzuführen ist. Das Leben im Freien ist für den innigen Familienzusammenhalt ungünstig; während die häusliche Liebe offensichtlich in den Ländern am stärksten ist, in denen der Schutz und der Herd des gemeinsamen Hauses für einen großen Teil des Jahres notwendig sind.

Freundschaft ist nur ein anderer Name für die Liebe zwischen Personen, die nicht durch tatsächliche oder zukünftige häusliche Beziehungen verbunden sind.

Die Liebe zum Höchsten Wesen oder die Frömmigkeit unterscheidet sich nicht in ihrer Art von der Liebe des Kindes zu den Eltern. Aber sie geht zu Recht über jede andere Liebe hinaus, da die von Gott empfangenen Wohltaten alle anderen Wohltaten einschließen und übertreffen. Zu einem Bewusstsein unserer tatsächlichen Beziehung zu Gott zu erwachen bedeutet also, „ihn mit ganzem Herzen, mit ganzem Verstand, mit ganzer Seele und mit ganzer Kraft zu lieben".

Ehrfurcht ist das Gefühl, das durch eine fortgeschrittene Überlegenheit in solchen Geistes- und Charakterzügen entsteht, die wir mit Selbstgefälligkeit in uns selbst oder mit Wertschätzung bei Gleichgesinnten betrachten. Eigenschaften, die wir nicht wertschätzen, können wir mit *Bewunderung* (das heißt Staunen) betrachten, aber nicht mit Ehrfurcht. Unsere Ehrfurcht vor dem Alter gilt nicht nur den fortgeschrittenen Jahren, sondern auch der wertvollen Erfahrung, die sie angeblich vermittelt haben, und insbesondere der Reife und Exzellenz, die zum Alter guter Männer gehört und von der ihre Gesichtszüge im Allgemeinen den Eindruck tragen. und die wir mangels Wissen gerne einer ehrwürdigen Miene und einem ehrwürdigen Aussehen zuschreiben. Ein törichter oder böser alter Mann erfordert aufgrund seines Alters keine Ehrfurcht.

Da Gott alle Eigenschaften, die wir am Menschen verehren, in unendlicher Fülle besitzt, muss er stets das würdige Objekt höchster Ehrfurcht sein.

Dankbarkeit, obwohl sie kaum von Liebe getrennt werden kann, wird für dieselbe Person selten im gleichen Maße wie Liebe geschätzt. Wir lieben unsere Begünstigten mehr als unsere Wohltäter. Wir lieben diejenigen, die von uns abhängig sind, mehr als diejenigen, von denen wir abhängig sind. Die Liebe der Mutter zu ihrem Kind ist die stärkste menschliche Zuneigung und übertrifft zweifellos sogar die Liebe des Kindes zur Mutter, der es jeden Nutzen und Segen unter dem Himmel verdankt. Wir können Menschen, die wir noch nie gesehen haben, inbrünstig dankbar sein; aber unsere Liebe zu ihnen kann nicht sehr lebendig sein. Die Liebe zu Gott, den wir noch nicht gesehen haben, muss entfacht, erneuert und aufrechterhalten werden durch Dankbarkeit für den unaufhörlichen Zufluss von Segnungen, die von Ihm kommen, und durch die Verheißung unermesslicher und ewiger Segnungen – abhängig vom Charakter.

Freundlichkeit ist Wohlwollen gegenüber seinesgleichen – Freude an seinem Glück und Wohlergehen, die Bereitschaft, freundliche Dienste zu leisten, wann und wie auch immer sie gebraucht werden. In seinen niederen Formen wird es als *gute Natur bezeichnet* ; Wenn es intensiv und universell ist, wird es als *Philanthropie bezeichnet* . Sie gebührt dem einzelnen Menschen als Angehöriger einer verwandtschaftlichen Rasse und wird als so wesentliche Eigenschaft des menschlichen Charakters angesehen, dass derjenige, dem sie völlig fehlt, als *unmenschlich gebrandmarkt wird* , während ihre aktive Ausübung zur Linderung von Not und Leid nachdrücklich hervorgehoben wird als *Menschheit* bezeichnet .

Mitleid ist die Emotion, die durch den Anblick oder die Kenntnis von Kummer oder Schmerz hervorgerufen wird. Ohne sie kann es zwar keine echte Freundlichkeit geben, aber sie kann ohne Freundlichkeit existieren. Es gibt Menschen, die für jede Form des Leidens sehr empfänglich sind, die aber nur mit dem Leidenden mitfühlen, nicht mit ihm, und die ihn kalt oder hart betrachten und behandeln würden, wenn er kein Leidender wäre. In solchen Fällen scheint Mitleid ein egoistisches Gefühl zu sein; und es besteht kein Zweifel daran, dass manche Menschen Not und Armut lindern, so wie sie Unkraut aus einem Blumenbeet entfernen würden, weil es für den Anblick abstoßend ist.

Mitgefühl bedeutet, nicht für, sondern mit anderen zu empfinden. [1]Es hat Erfolge und Freuden zum Ziel, nicht weniger als Leiden und Sorgen; und wahrscheinlich ist es bei Ersterem genauso real und intensiv wie bei Letzterem, obwohl seine Notwendigkeit weniger gefühlt wird und seine Wirkung bei glücklichen als bei traurigen Erfahrungen weniger geschätzt wird. Freundlichkeit allein kann kein Mitgefühl hervorrufen. Um mit anderen fühlen zu können, müssen wir entweder ähnliche Erfahrungen gemacht haben oder über eine ausreichend lebhafte Vorstellungskraft verfügen, um sie unserem Denken deutlich präsent zu machen. Diese letztere Macht ist keineswegs notwendig, um auch nur den höchsten Grad an Freundlichkeit oder Mitleid hervorzurufen; Und unter den Aktivsten und Beharrlichsten, die sich in der praktischen Wohltätigkeit engagieren, gibt es viele, die sich intensiv für die Ziele ihrer Wohltätigkeit einsetzen, aber nur schwach mit ihnen. Andererseits findet Mitgefühl manchmal seine Hauptausübung in Sensationsliteratur, und es gibt Menschen, die von fiktiven Darstellungen des Kummers zutiefst bewegt sind, aber dennoch untätig und gleichgültig gegenüber den wirklichen Nöten und Leiden um sie herum bleiben, die sich nach Linderung sehnen.

2. Die **böswilligen Zuneigungen** sind Wut, Groll, Neid, Rache und Hass.

Wut ist das Gefühl der Empörung, das durch tatsächliches oder eingebildetes Unrecht hervorgerufen wird. Wenn es durch tatsächliches Fehlverhalten angeregt wird und in vernünftigen Grenzen gehalten wird, ist es nicht nur unschuldig, sondern heilsam. Es verstärkt das tugendhafte Gefühl, das es hervorbringt; und sein gebührender Ausdruck gehört zu den Schutzmaßnahmen der Gesellschaft vor Korruption und Bösem. Aber wenn man ihm ohne hinreichenden Grund nachgibt oder zulässt, dass er übertrieben wird oder seinen Anlass überdauert, ist er an sich böse und kann zu jeder Form sozialer Ungerechtigkeit und zu Verstößen gegen die Rechte des Menschen und das Gesetz Gottes führen .

Groll ist das Gefühl, das durch eine uns selbst zugefügte Verletzung ausgelöst wird. Auch dies ist unschuldig und natürlich, wenn sein Anlass ausreichend und seine Grenzen vernünftig sind. Es kann die Wiederholung von Verletzungen verhindern, und die spontane Tendenz dazu, die nahezu universell ist, ist eine wirksame Abwehr gegen Beleidigung, Demütigung und Eingriffe in die Rechte des Einzelnen. Aber wenn es über die Notwendigkeit der Selbstverteidigung hinausgeht oder ausgedehnt wird, neigt es dazu, die Parteien umzukehren und den Verletzten selbst zum Übeltäter zu machen.

Sowohl Wut als auch Groll sind **schmerzhafte Emotionen** und daher in einem wohlgeordneten Geist selbstbegrenzend. Wer das Glück zu seinem Ziel macht, wird, wenn er klug ist, diesen störenden Kräften den geringstmöglichen Einfluss auf ihn geben, sei es in der Intensität oder in der Dauer.

Neid wurde als Übermaß an Nachahmung definiert. Es scheint eher ein Mangel am echten Prinzip der Nachahmung zu sein. Der instinktive Wunsch nach Überlegenheit führt uns, wie wir gesehen haben, dazu, *absolut hohe Ziele* anzustreben und uns weniger an dem zu messen, was andere sind, als an unserem eigenen Ideal. Nur diejenigen mit niedrigeren Zielen versuchen, andere in ihrer Karriere zu ersetzen. Neid ist der Versuch, nicht aufzusteigen oder sich zu übertreffen, sondern vergleichsweise hoch zu stehen, indem man diejenigen untergräbt, die eine höhere Position innehaben oder anstreben. Kein gerechter Mensch stimmte für die Verbannung von Aristides, weil er immer der Gerechte genannt wurde; aber seine Ächtung war der Beschluss derer, die wussten, dass sie keinen Ruf für Gerechtigkeit erlangen konnten, bis er ihnen aus dem Weg geräumt wurde.

Rache ist der Wunsch, Böses dem Bösen zuzufügen. Im Prinzip ist es immer falsch; denn der Übeltäter, auch wenn er vorübergehenden Zorn und Groll verdient, wird daher nicht außerhalb unseres Wohlwollens gestellt, sondern wird vielmehr unserer Nächstenliebe empfohlen als jemand, der geläutert werden kann und unserer Wertschätzung würdig werden kann. In der Praxis kann Rache kaum jemals gerecht sein. Unsere Selbstliebe übertreibt unsere Einschätzung des erlittenen Unrechts so sehr, dass wir kaum umhin können, uns mit noch größerem Unrecht zu rächen und so eine Erneuerung des Schadens herbeizuführen. Zweifellos gibt es Fälle, in denen Selbstverteidigung die sofortige Bestrafung oder Behinderung des Übeltäters rechtfertigen kann, und in einer unsicheren Gesellschaftslage, in der es keinen rechtlichen Schutz gibt, kann es das Recht des Einzelnen sein, Raubüberfälle zu bestrafen oder persönliche Empörung; Aber Handlungen dieser Art müssen mit der Begründung der Notwendigkeit gerechtfertigt werden, nicht der Rache.

Hass ist das Ergebnis einer der oben genannten bösartigen Zuneigungen, wenn er übertrieben oder dauerhaft wird. Es schließt die Ausübung aller wohlwollenden Zuneigungen aus. Kein Mensch kann zu Recht Gegenstand von Hass sein; Denn es gibt keinen Menschen, der nicht ein Element oder eine Möglichkeit des Guten in sich trägt, niemanden, der nicht Rechte hat, die respektiert werden sollten, niemanden, der nicht Anspruch auf Mitleid mit seinen Leiden und vor allem mit seinen Sünden hat.

* * * * *

Die Zuneigungen, ob wohlwollend oder böswillig, sind bei Menschen und niederen Tieren üblich. Liebe und Hass zeigen sich bei allen, deren Gewohnheiten unserer Einsicht zugänglich sind; Wut, von nicht wenigen; Dankbarkeit, Freundlichkeit, Mitleid, Sympathie, Groll und Rache seitens der Intelligenteren; Neid, von denen, die am vollständigsten domestiziert sind; vielleicht Ehrfurcht des Hundes gegenüber seinem Herrn.

Die Zuneigungen veranlassen alle zum Handeln und unterscheiden nicht die Qualität der Handlungen. Daher bedürfen sie der Kontrolle und Führung der Vernunft und können nur in Übereinstimmung mit den Grundsätzen, die die Vernunft als oberstes Gebot in der Lebensführung anerkennt, gefahrlos ausgeübt werden.

Kapitel III.

Die maßgeblichen Handlungsprinzipien.

Die Begierden, Wünsche und Zuneigungen bilden die **treibende Kraft** bei allen Handlungen. Hätten wir sie nicht, würden wir nicht handeln. Es gibt keine Tat irgendeiner Art, ob gut oder schlecht, edel oder niederträchtig, geistig oder körperlich, deren unmittelbare Ursache nicht die eine oder andere ist. Sie sind auch zwingend in ihren Forderungen. Sie sehnen sich nach sofortiger Aktion – dem Verlangen, sich die Mittel zur körperlichen Befriedigung zu verschaffen oder zu nutzen; die Wünsche in der Zunahme ihrer Ziele; die Zuneigungen, indem sie ihre passenden Zeichen oder Ausdrucksformen suchen oder verleihen, ob gut oder böse. Gäbe es keine Kontrolle, würden die spezifischen Begierden, Wünsche oder Zuneigungen, denen die Umstände vorerst die Oberhand geben, in die richtige Richtung wirken, bis sie von einem anderen konterkariert und durch eine neue Reihe von Umständen in die Vorherrschaft gebracht werden. Dies ist bei Tieren der Fall, sofern wir ihre Wirkungsweise beobachten können. Hier, im Menschen, greift die Vernunft ein und erkennt die Tendenzen und Qualitäten der Handlungen.

Die Vernunft betrachtet Handlungen unter zwei Gesichtspunkten: Interesse und Verpflichtung, Zweckmäßigkeit und Recht. Die Fragen, die wir uns innerlich zu Handlungen stellen, lösen sich alle in einer dieser Fragen auf: Ist die Handlung für mich nützlich oder wünschenswert? oder: Ist es mein Recht oder meine Pflicht? Wer die erstere dieser Fragen zu stellen pflegt, wird als umsichtiger Mann bezeichnet; Wer gewöhnlich Letzteres fragt, wird als tugendhafter oder guter Mann bezeichnet. Wer keines von beiden verlangt, gibt sich nach der Art der Untiere den Trieben des Appetits, der Begierde und der Zuneigung hin und versäumt es insofern, die Vernunft in die Tat umzusetzen, die ihn von den Unmenschen unterscheidet.

Es besteht kein Zweifel daran, dass **Zweckmäßigkeit und Recht zusammenfallen** . Unter der Herrschaft höchster Güte ist es unmöglich, dass das, was getan werden sollte, nicht dem Wohl desjenigen dient, der es tut. Aber ihre wohltuenden Folgen liegen möglicherweise zu weit entfernt, als dass er sie nachverfolgen könnte, sie könnten sogar zu einem Leben nach dem Tod gehören, zu dem das menschliche Wissen nicht reicht; während das, was nicht getan werden sollte, im Rahmen der menschlichen Voraussicht erhebliche Vorteile versprechen kann. Dann ist es zumindest anzunehmen, dass es Fälle gibt, in denen, wenn es Einzelfälle wären, die Zweckmäßigkeit vom Recht abweichen könnte, in denen es jedoch, weil sie einer Klasse angehören, im Interesse der Gesellschaft und aller liegt jedem einzelnen

Mitglied der Gesellschaft, dass allgemeine Gesetze befolgt werden sollten. Es ist auch offensichtlich, dass es viele Fälle gibt, in denen die Berechnung der Zweckmäßigkeit Einzelheiten umfasst, die zu zahlreich und zu kompliziert sind, als dass sie von einem Geist mit gewöhnlichem Urteilsvermögen vollständig verstanden werden könnten, während derselbe Geist klar erkennen kann, welcher Verhaltensverlauf damit übereinstimmt die strenge Rechtsregel . Darüber hinaus können wir in einer Verhaltensfrage, bei der es um Appetit, Verlangen oder Zuneigung geht, unser wahres Interesse nicht so ruhig und leidenschaftslos beurteilen, wie wir es in einem ähnlichen Fall über das Interesse einer anderen Person tun sollten. Die treibende Kraft kann so stark sein, dass wir es vorerst aufrichtig für ratsam halten, ihr nachzugeben – obwohl wir wissen, dass es nicht richtig ist.

Aus diesen Gründen besteht **offensichtlich ein Konflikt zwischen dem Nützlichen und dem Recht** . Auch wenn ein vollkommen kluger und leidenschaftsloser Mensch in jedem Fall genau die gleiche Antwort auf die Frage des Interesses und der Pflicht geben könnte, können Menschen, so begrenzt und beeinflusst sie auch sind, kaum umhin, diese Fragen in vielen Fällen unterschiedlich zu beantworten. Der Mensch, der sein eigenes eingebildetes Gutes zu seinem herrschenden Ziel macht, tut viele Dinge, die er nicht aus Rechtsgründen verteidigen würde; Der Mann, der sich dazu entschließt, immer das Richtige zu tun, begeht manchmal Taten angeblicher und bewusster Selbstverleugnung und Selbstaufopferung.

Noch können **allgemeinere** Erwägungen der **Zweckmäßigkeit** , die Bezugnahme auf das Wohl anderer, auf das größte Wohl der größten Zahl, als Leitfaden für das Rechte oder als Prüfstein für das Rechte dienen. Wir sind anderen gegenüber weniger vorausschauend als uns selbst; Die Einzelheiten, die im wahren Interesse einer Gemeinschaft, Gesellschaft oder Anzahl von Personen eine Rolle spielen, sind zwangsläufig zahlreicher und komplizierter als diejenigen, die für unser eigenes Wohlergehen wichtig sind. und wenn nicht Appetit oder Begierde, dann sind die wohlwollenden oder böswilligen Zuneigungen genauso geeignet, unser Urteilsvermögen zu verfälschen und unser Verhalten im Falle anderer in die Irre zu leiten wie in unserem eigenen Fall.

Wir erkennen dann, dass **Zweckmäßigkeit** , sei es in Bezug auf uns selbst oder auf andere, **keine vertrauenswürdige Verhaltensregel ist** . Doch obwohl es nicht den ersten Platz einnehmen kann, nimmt es einen wichtigen Platz ein; Denn in vielen Fällen geht es nicht um die Frage, was wir tun sollen, sondern darum, was für uns am besten ist. Wenn es also mehrere Handlungen gibt, die alle gleichermaßen richtig sind und von denen nur eine ausgeführt werden kann, sind wir offensichtlich berechtigt, die Handlung auszuführen, die für uns am angenehmsten oder nützlichsten ist. Wenn es ein Ziel gibt, zu dessen Erreichung wir das Recht oder die Pflicht haben, und es mehrere gleichermaßen harmlose Wege gibt, dieses Ziel zu erreichen, dann stellt sich für uns die Frage, durch welche dieser Wege wir die geringste Schwierigkeit finden oder den höchsten Genuss oder Vorteil erlangen können . Wenn uns zur gleichen Zeit und am gleichen Ort mehrere Pflichten obliegen, die alle gleiche intrinsische Ansprüche haben, von denen jedoch notwendigerweise eine den Rest überwiegen muss, ist die Frage, welche Vorrang haben soll, eine Frage der Zweckmäßigkeit, d. h. des Wodurch Wir können das Beste tun, weil wir die höchste Pflicht haben.

Zweckmäßigkeit ist kein Merkmal von Handlungen. Eine Handlung ist nicht an sich zweckdienlich oder unzweckmäßig, sondern wird allein durch unterschiedliche Umstände zu dem einen oder anderen Zweck; Während es an sich gute Taten gibt, die keine möglichen Umstände schlecht machen könnten, und es gibt an sich schlechte Taten , die keine möglichen Umstände gut machen könnten. Wenn es also eine Wissenschaft gibt, deren Gegenstand die intrinsischen Qualitäten von Handlungen sind, dann haben Fragen der Zweckmäßigkeit in einer solchen Wissenschaft keinen Platz.

Moralphilosophie oder Ethik (synonyme Begriffe) ist die Wissenschaft, die sich mit menschlichen Handlungen befasst. Der Begriff *Moral* wird oft auf äußere Handlungen angewendet; aber immer in Bezug auf die Absichten, von denen sie ausgehen. Wir können uns die Behandlung von Handlungen unter verschiedenen Aspekten vorstellen, als klug oder unklug, angenehm oder unangenehm, spontan oder absichtlich; Aber nach allgemeiner Zustimmung der Menschheit, zumindest des zivilisierten und aufgeklärten Teils der Menschheit, wird die Unterscheidung von Handlungen als richtig oder falsch als von Bedeutung angesehen, die alle anderen Unterscheidungen weit übersteigt und ihnen vergleichsweise geringe Bedeutung verleiht. Daher beschränkt sich die Moralphilosophie auf diese einzige Unterscheidung und nimmt andere nur dann zur Kenntnis, wenn sie diese modifizieren oder durch sie modifiziert werden. Die Fragen, die die Moralphilosophie stellt und beantwortet, lauten wie folgt: Was macht das Recht aus? Wie ist es festzustellen? Worin liegt die Verpflichtung nach rechts? Was sind die Motive für richtiges Handeln? Welche spezifischen Aktionen oder Aktionsklassen sind richtig und warum? Welche spezifischen Aktionen oder Aktionsklassen sind falsch und warum?

Kapitel IV.

Das Recht.

Jedes Objekt hat aufgrund seiner Existenz seinen **angemessenen Platz, Zweck, seine Verwendung und seine Beziehungen** . Zu jedem Zeitpunkt befindet sich jedes spezifische Objekt entweder an seinem Platz oder nicht an seinem Platz, erfüllt seinen Zweck oder erfüllt ihn nicht, ist seinen Zwecken unterworfen oder von ihnen entfremdet, stimmt mit seinen Beziehungen überein oder ist nicht mit ihnen im Einklang und befindet sich daher in einem Zustand der *Eignung* oder *Untauglichkeit* in Bezug auf andere Gegenstände. Jedes Objekt steht zu jedem Zeitpunkt unter der Kontrolle des intelligenten Willens des Höchsten Wesens oder eines endlichen Wesens und wird durch diesen Willen entweder an seinem Platz, seinem Zweck, seinen Zwecken oder seinen Beziehungen oder außerhalb davon und somit in einem Zustand gehalten der Tauglichkeit oder Untauglichkeit in Bezug auf andere Gegenstände. Jedes intelligente Wesen steht aufgrund seiner Existenz in bestimmten, eindeutigen Beziehungen zu äußeren Objekten, zu seinen Mitmenschen und zu seinem Schöpfer. Zu jedem Zeitpunkt ist jedes intelligente Wesen diesen Beziehungen treu oder untreu und befindet sich daher in Bezug auf äußere Objekte und andere Wesen in einem Zustand der Tauglichkeit oder Untauglichkeit. So kann in jedem Moment die Eignung oder Untauglichkeit jedes existierenden Objekts, des Willens, durch den jedes Objekt kontrolliert wird, und jedes intelligenten Wesens im Hinblick auf die Ausübung seines Willens gegenüber oder auf äußere Objekte oder seine Mitmenschen bestätigt werden -Wesen. Fitness und Unfitness sind die ultimativen Ideen, die mit den Begriffen *richtig* und *falsch verbunden sind* . Bei diesen letzten handelt es sich um metaphorische Begriffe: „rechts" (lateinisch: *rectus*), gerade, aufrecht, der Regel entsprechend und daher *passend* ; falsch, *verdreht*, verzerrt, abgelenkt, verdreht, regelwidrig und daher *ungeeignet* . Wir sind so beschaffen, dass wir nicht umhin können, Fitness mit Selbstgefälligkeit und Wertschätzung zu betrachten; Untauglichkeit, mit Geringschätzung und Missbilligung, auch wenn wir es selbst erschaffen oder nachahmen.

Fitness ist der einzige Maßstab, nach dem wir unsere eigenen Handlungen oder die Handlungen anderer als gut oder böse betrachten — nach dem wir uns selbst oder andere rechtfertigen oder verurteilen. Die Pflicht hat nur ihr einziges Ziel und Ziel. Dem Objekt, das unter unsere Kontrolle kommt, sind sein geeigneter Platz, sein Zweck, seine Verwendung und seine Beziehungen *zuzuschreiben* ; und unsere Wahrnehmung dessen, was fällig ist, stellt unsere *Pflicht dar* und weckt in uns ein Gefühl der Verpflichtung. Für uns selbst und für andere Wesen und Objekte hat unsere Treue zu unseren Beziehungen eine intrinsische Eignung; dass Fitness ihnen und uns selbst *zu verdanken ist;* und unsere Wahrnehmung dessen, was fällig ist, stellt unsere *Pflicht dar* und weckt in uns ein Gefühl der Verpflichtung.

Richtig und falsch hängen nicht vom Wissen des moralischen Handelnden ab. Untauglichkeit, Missbrauch, Missbrauch sind nichtsdestotrotz grundsätzlich falsch, weil sie das Ergebnis von Unwissenheit sind. Es steht im Widerspruch zur Eignung der Dinge. Es entzieht einem Gegenstand seinen ordnungsgemäßen Nutzen. Es pervertiert zu schädlichen Ergebnissen, was seinem Zweck nach heilsam ist. Es verringert für den Handelnden seine Summe an Gutem und Glück und vergrößert für ihn seine Summe an Bösem und Elend. In diesem Sinne – weitaus bedeutsamer als der der willkürlichen Zufügung – ist die bekannte Maxime der Rechtswissenschaft „Unkenntnis des Gesetzes entschuldigt niemanden" [2] ein grundlegendes Naturgesetz.

Es gibt jedoch einen wichtigen Unterschied zwischen **absolutem und relativem Recht** . Im Handeln ist das absolute Recht ein Verhalten in völliger Übereinstimmung mit den Wesen und Objekten, wie sie sind; Das relative Recht ist das Verhalten in Übereinstimmung mit den Wesen und Objekten, wie wir sie mit den bestmöglichen Erkenntnissen, die uns zur Verfügung stehen, für wahr halten. Das allwissende Wesen allein kann vollkommene Kenntnis über alle Wesen und Dinge haben, so wie sie sind. Dieses Wissen besitzen Männer in unterschiedlichem Maße, entsprechend ihrem jeweiligen Maß an Intelligenz, Scharfsinn, Kultur und persönlicher oder traditioneller Erfahrung. Unter den raueren Bedingungen der Gesellschaft sind Handlungen, die uns schrecklich falsch erscheinen, oft auf ehrlichen und unvermeidlichen Fehleinschätzungen beruhen, in ihrer Absicht richtig und daher angemessene Gegenstände moralischer Anerkennung. In einem fortgeschrittenen Zustand der Intelligenz und insbesondere in einer hohen religiösen Kultur gibt es ein ausreichend klares Verständnis der Ziele und Beziehungen des gewöhnlichen Lebens, um die Menschen vor Sünden der Unwissenheit zu schützen, obwohl der Bereich der unbekannten Dinge den der bekannten Dinge bei weitem übersteigt in ihrem Fehlverhalten keinen Anschein oder Rest von Recht zu hinterlassen.

Die Unterscheidung zwischen absolutem und relativem Recht ermöglicht es uns, **zwei Aussagen in Einklang zu bringen, die möglicherweise widersprüchlich erschienen** , nämlich dass „der Charakter einer Handlung, ob gut oder schlecht, von der Absicht des Handelnden abhängt" und „diese Ungeeignetheit". „Missbrauch, Missbrauch ist dennoch falsch, weil es das Ergebnis von Unwissenheit ist." Beide Aussagen sind wahr. Dieselbe Handlung kann in der Absicht richtig und gut sein, und dennoch, aufgrund mangelnder Erkenntnis, falsch und böse; und es kann aufgrund seiner guten

Absicht wohltuende Folgen haben und nach sich ziehen, während gleichzeitig das Böse, das darin steckt, schädliche Folgen haben oder nach sich ziehen kann. Wir können diesen Doppelcharakter der Handlungen am besten an einem Fall veranschaulichen, der so einfach ist, dass wir ihn auf einen Blick durchschauen können. Ich gehe davon aus, dass ich einer kranken Person einen Trank bringe, von dem ich glaube, dass er ein wirksames Heilmittel ist, der sich aber durch einen Fehler, für den ich nicht verantwortlich bin, als tödliches Gift erweist. Nach dem Maßstab des absoluten Rechts ist meine Handlung eine unangemessene und daher falsche Handlung, und sie hat unweigerlich die Tötung des Patienten zur Folge. Aber weil meine Absicht richtig war, habe ich mich nicht in eine falsche Beziehung zu Gott oder den Menschen gebracht. Ja, wenn ich mir mit Mühe, Kosten und Mühe das vermeintlich Heiltrank beschaffte, und zwar für jemanden, dessen Leiden und Not sein einziger Anspruch auf mich darstellte, hätte ich mich durch meine Liebesarbeit in eine noch innigere Beziehung gebracht , kindlich und brüderlich, mit Gott und den Menschen, was dazu führen muss, dass ich nützlicher und glücklicher werde. Hätte ich hingegen vorgehabt, den Mann zu vergiften, ihm aber aus Versehen einen Heiltrank gegeben, wäre meine Tat absolut richtig gewesen, weil sie der Sachlichkeit entsprach, aber relativ falsch, weil Absicht und Zweck gegensätzlich waren zur Eignung der Dinge; und da es an sich passend war, hätte es dem Kranken gut getan, während es mich, da es seinem Zweck nach unpassend war, aus den Beziehungen herausgeworfen hätte, in denen ich sowohl zu Gott als auch zu den Menschen stehen sollte.

Fehler in Bezug auf bestimmte Pflichthandlungen haben die größtmögliche Ähnlichkeit mit dem Fall des Giftes, das für Medikamente verabreicht wurde. Der Wilde, der aufrichtig Ehrfurcht, Freundlichkeit, Loyalität und Treue zum Ausdruck bringen will, kann beim Ausdruck dieser Gefühle Handlungen begehen, die völlig unpassend und daher völlig falsch sind; und wenn dem so ist, hat jede dieser Handlungen ihre gebührenden Konsequenzen, sie können unheilvoll und beklagenswert sein. Doch weil er sein Bestes tat, um diese Gefühle zum Ausdruck zu bringen, ist er in seinem Charakter als moralisches Wesen nicht gesunken, sondern gestiegen, ist besser geworden und fähiger zum Guten.

Unwissenheit über das Recht ist jedoch nur dann unschuldig, wenn es unvermeidlich ist . Im Augenblick des Handelns ist tatsächlich das, was mir passend erscheint, relativ richtig, und wenn ich etwas anderes tun würde, wäre es relativ falsch, auch wenn meine Handlung absolut richtig wäre. Aber wenn ich die Mittel, das Recht zu erkennen, hatte und vernachlässigte, habe ich die Fähigkeiten meiner eigenen Natur verletzt, indem ich meine kognitiven Fähigkeiten nicht für Themen eingesetzt habe, die für mein Wohlbefinden von entscheidender Bedeutung sind. Auch wenn in diesem

Fall die sogenannten Sünden der Unwissenheit Fehler und keine Sünden sein können, weist die Unwissenheit selbst alle Merkmale auf, die mit dem Begriff „ *Sünde* " *verbunden sind, und muss mit verhältnismäßig* **schädlichen Folgen für den Täter** einhergehen .

Kapitel V.

Mittel und Quellen des Wissens über richtig und falsch.

Abschnitt I.

Gewissen.

Das Gewissen ist ein Mittel und keine Quelle **des Wissens** . Es ist analog zum Sehen und Hören. Es ist die Fähigkeit, Fitness und Untauglichkeit wahrzunehmen. Darüber hinaus ist es Bewusstsein – ein Gefühl für unsere eigene persönliche Beziehung zum Passenden und Unpassenden, für unsere Fähigkeit, sie in Absicht, Willen und Verhalten zu verwirklichen. Gerade in diesem letzten Punkt unterscheidet sich der Mensch von den niederen Tieren. Sie haben ein instinktives Gespür für Fitness und einen instinktiven Drang zu Handlungen, die ihrer Natur entsprechen. Aber kein Rohling sagt sich: „Ich handle im Einklang mit der Sachlage der Dinge." während der Mensch sich praktisch bei jeder Handlung sagt: „Ich tue, was für mich angemessen ist" oder „Ich tue, was für mich unangemessen ist."

Das Gewissen ist eine juristische Fähigkeit. Seine Entscheidungen basieren auf dem Wissen des Einzelnen, ob real oder eingebildet, und aus welcher Quelle auch immer. Es urteilt nach den Gesetzen und Beweisen, die ihm vorgelegt werden. Sein Urteil ist immer relativ richtig, ein echtes Urteil (*verum dictum*), auch wenn es nach dem absoluten Maßstab des Rechts aus Mangel an Wissen falsch sein kann – genau wie in einem Gericht ein unfehlbar kluger und unbestechlich gerechter Richter eine völlig falsche oder ungerechte Entscheidung aussprechen, wenn ihm eine falsche Tatsachendarstellung vorliegt oder wenn das Gesetz, zu dessen Anwendung er gezwungen ist, ungerecht ist.

Wir können **die Funktion des Gewissens veranschaulichen** , indem wir uns auf eine Frage beziehen, die jetzt in unserer Gemeinschaft beschäftigt ist – die Frage nach der moralischen Angemessenheit des maßvollen Konsums vergorener Spirituosen. In der zivilisierten Gesellschaft ist allgemein bekannt, dass Rausch die Fitness von Körper und Geist beeinträchtigt, einen Missbrauch alkoholischer Getränke darstellt und die eigene Persönlichkeit des Trinkers missbraucht. und deshalb wird es von allen Gewissen verurteilt, von niemandem härter als von dem seiner Opfer. Aber es bleibt immer noch die Frage offen, ob völliger Verzicht auf vergorene Getränke eine Pflicht ist, und das ist eine Tatsachenfrage. Eine Partei sagt: „Alkohol ist in jeder Form und in der geringsten Menge ein giftiges Gift und daher für Körper und Geist ungeeignet." Die andere Partei sagt: „Wein, mäßig genossen, ist gesund, wohltuend, stärkend und daher wohltuend für Körper und Geist." Wenn sich die Meinung der letztgenannten Partei ändern würde, würde sich ihr Gewissen sofort auf die andere Seite schlagen; und wenn sie ihre jetzige Stellung in Lehre und Praxis beibehalten würden, würden sie diese mit Selbstverurteilung beibehalten. Würden sie die Meinung der ehemaligen Partei ändern, würde ihr Gewissen den Boden übernehmen, den sie jetzt angreifen. Demonstrieren Sie der gesamten Gemeinschaft – wie es hoffentlich die Physiologie in naher Zukunft tun wird – die genaue Wahrheit in dieser Angelegenheit, es würde keinen Unterschied in der gewissenhaften Beurteilung geben, welcher Unterschied in der Praxis auch immer noch bestehen mag.

Das Gewissen regt , wie alle Wahrnehmungsfähigkeiten, **dazu an, entsprechend seinen Wahrnehmungen zu handeln** . In dieser Hinsicht unterscheidet es sich nicht im Geringsten vom Sehen, Hören und Schmecken. Unsere natürliche Neigung besteht darin, unsere Bewegungen in Bezug auf die Objekte in unserem Sichtfeld zu lenken, unser Verhalten durch das zu steuern, was wir hören, und nur Substanzen in den Mund zu nehmen, die dem Geschmack gefallen. Doch Angst, Kühnheit oder Mut können uns dazu treiben, Gefahren auf uns zu nehmen, die wir klar erkennen; Eigensinn oder Eigensinn können uns innerlich taub machen gegenüber Ratschlägen oder Warnungen, die wir hören; und Gesundheitsmotive können uns dazu veranlassen, die übelsten Drogen zu schlucken. In ähnlicher Weise besteht unsere unvermeidliche Tendenz darin, unser Verhalten von der Eignung der Dinge zu leiten, wenn sie klar erkannt werden; aber intensiver und ungezügelter Appetit, Verlangen oder Zuneigung können uns dazu verleiten, diese Eignung zu verletzen, auch wenn sie deutlich gesehen und anerkannt wird.

Menschen handeln nur unter unmittelbarer und starker Versuchung gegen das Gewissen. Die meisten Taten böser Menschen sind aus Gewissensgründen, aber deshalb nicht verdienstvoll; Denn Verdienst besteht nicht darin, das Richtige zu tun, wenn keine Versuchung zum Bösen besteht, sondern darin, der Versuchung zu widerstehen. Aber wie bereits gesagt wurde, ist es , wenn es keinen gegenteiligen Anreiz gibt, genauso natürlich, in Übereinstimmung mit der Eignung der Dinge zu handeln, wie es in Übereinstimmung mit dem ist, was wir sehen und hören. Es ist die Tendenz, so zu handeln, die allein die menschliche Gesellschaft ermöglicht, wenn es an hohen moralischen Grundsätzen mangelt. Um zu leben, muss ein Mensch in Bezug auf die äußere Natur so handeln; noch mehr muss er so handeln, um menschliche Gemeinschaft, körperliche Bequemlichkeit und vorübergehenden Genuss zu erlangen, wie gering er auch sein mag; und der verdorbenste Unglückliche, der auf der Erde wandelt, erkauft sein Fortbestehen und die Freude, die er daraus zieht, durch tausend Taten, die der Eignung der Dinge für jemanden entsprechen, in dem er diese Eignung verletzt.

Das Gewissen wird , wie alle Wahrnehmungsfähigkeiten, **durch Gebrauch geschult** . Das Auge des Uhrmachers oder Botanikers erlangt eine fast mikroskopische Sehschärfe. Das Gehör des Blinden ist so geschult, dass es den Mangel an Sehvermögen größtenteils ausgleicht. Der Geschmack des Genießers kann Aromen unterscheiden, deren Unterschiede für den gewöhnlichen Gaumen nicht wahrnehmbar sind. Ebenso wird das Gewissen, das ständig und sorgfältig geübt wird, um zu beurteilen, was passt und was nicht, was richtig und was falsch ist, schnell, scharf, forschend, einfühlsam, umfassend und mikroskopisch klein. Andererseits wird das Gewissen ebenso wie die Sinne, wenn es selten in Bewegung gesetzt wird, träge, träge, unfähig zu genauer Unterscheidung oder zur Wachsamkeit gegenüber der gewöhnlichen Lebensführung. Dennoch ist es niemals ausgestorben und wird niemals pervertiert. Wenn es selbst in der hartnäckigsten Form zum Handeln angeregt wird, nimmt es wieder seine richterliche Strenge an und protokolliert sein Urteil in reumütigem Schmerz.

Man sagt allgemein, dass das Gewissen durch **die Zunahme des Wissens** über die Beziehungen zwischen Wesen und Objekten, über die moralischen Gesetze des Universums und über religiöse Wahrheiten geschult wird. Dies ist jedoch nicht wahr. Wissen beschleunigt nicht notwendigerweise die Aktivität des Gewissens oder stärkt seine Unterscheidungskraft. Das Gewissen ist bei den Unwissendsten oft intensiv und lebhaft, bei Personen, deren kognitive Fähigkeiten die großzügigste Kultur genossen haben, ist es inaktiv und träge. Zwar bringt die Erkenntnis die Entscheidungen des Gewissens in eine engere und beständigere Übereinstimmung mit dem absoluten Recht, aber sie stimmt ihre Entscheidungen nicht sicherer mit dem relativen Recht überein, d. h. mit dem, was der Einzelne aus seiner Sicht betrachtet. sollte wollen und tun. Es hat die gleiche Wirkung auf das Gewissen, die eine genaue Aussage auf den klar denkenden und unverfälschten Richter hat, dessen Geist dadurch weder aktiver oder urteilsfähiger wird, noch dass seine Entscheidung besser mit den ihm vorgelegten Tatsachen in Einklang gebracht wird. Wissen ist in der Tat ein unverzichtbares Hilfsmittel für das Gewissen; Dies kann jedoch nicht ausschließlich für einen bestimmten Wissensbereich bestätigt werden. Es gilt für alles Wissen; denn es gibt keine Tatsache oder kein Gesetz im Universum, das nicht in irgendeinem Fall zum Gegenstand oder zum Anlass für das Handeln des Gewissens werden könnte. Nichts könnte dem gewöhnlichen

Gewissensfeld weiter entfernt erscheinen als die Theorie der
Planetenbewegung; Dennoch war es dies, die Galilei die einzige großartige
Gelegenheit seines Lebens gab, die Vormachtstellung des Gewissens auf die
Probe zu stellen – möglicherweise die einzige Gelegenheit, bei der sich sein
Gewissen entschieden gegen sein scheinbares Interesse äußerte, und eine, bei
der Gehorsam gegenüber dem Gewissen wirksam gewesen wäre hat die
einzige Wolke abgewendet, die jemals auf seinem Ruhm ruhte.

Abschnitt II.

Wissensquellen. 1. Beobachtung, Erfahrung und Tradition.

Sofern es keine direkten Mitteilungen vom Höchsten Wesen gegeben hat, **beruht das gesamte Wissen des Menschen** über Personen, Objekte und Beziehungen letztlich **auf der Beobachtung** . Erfahrung ist lediglich erinnerte Selbstbeobachtung. Überlieferung, mündlich und schriftlich, ist gesammelte und verdichtete Beobachtung; und auf diese Weise kann sich jede neue Generation die Erfahrungen früherer Generationen zunutze machen, so Zeit finden, neue Wissensbereiche zu erkunden und so ihre eigenen Traditionen an die nachfolgenden Generationen weiterzugeben. Was wir nun an Objekten beobachten, sind hauptsächlich ihre Eigenschaften oder, was dasselbe ist, ihre *Fitness* ; Denn eine Eigenschaft ist das, was ein Objekt für einen bestimmten Ort oder eine bestimmte Nutzung geeignet macht. Was wir bei Personen beobachten, sind ihre Beziehungen zu anderen Wesen und Objekten sowie die Fitness, die zu diesen Beziehungen gehört. Alles, was wir erleben, löst sich in der Eignung oder Untauglichkeit von Personen und Objekten für einen auf **einem anderen** oder zu uns selbst. Was in der Geschichte und in der Wissenschaft weitergegeben wird, ist die Aufzeichnung von Eignungen oder Untauglichkeiten, die durch Beobachtung festgestellt oder durch Erfahrung überprüft wurden. Der Fortschritt des Wissens ist einfach eine erweiterte Kenntnis der Eigenschaften von Personen und Dingen. Er weiß am besten, wer die Beziehungen, in denen die Wesen und Objekte im Universum zueinander stehen, standen und zueinander stehen sollten, am vollständigsten versteht. Wenn wir darüber hinaus eine Eignung in unserem Handlungsspielraum erkennen, nehmen wir intuitiv wahr, dass es richtig ist, sie zu respektieren, und dass es falsch ist, sie zu verletzen. Unser Wissen über richtig und falsch ist daher ebenso umfassend wie unser Wissen über Personen und Dinge. Je aufgeklärter und kultivierter eine Nation ist, desto mehr weiß sie über richtig und falsch, was auch immer ihr Maßstab praktischer Moral sein mag.

Beispielsweise wissen die Menschen im schlimmsten Zustand von bestimmten Nahrungsmitteln **und Getränken** , dass sie dazu geeignet sind, das Verlangen nach Hunger und Durst zu stillen, und sie wissen nichts weiter über sie. Sie kennen die Gesetze der Gesundheit weder des Körpers noch des Geistes. Sie essen und trinken daher alles, was ihnen zur Verfügung steht, ohne sich die Möglichkeit eines Fehlverhaltens in dieser Angelegenheit vorzustellen. Aber mit dem Fortschritt der Zivilisation lernen sie, dass verschiedene Arten von Nahrungsmitteln und Getränken die Gesundheit beeinträchtigen, das Gehirn trüben, die Arbeitskraft schwächen und daher für den menschlichen Gebrauch ungeeignet sind; Und kaum ist dies bekannt, beginnt auch der Unterschied zwischen richtig und falsch in Bezug auf das, was Menschen essen und trinken, zu erkennen. Je gründlicher die Kenntnis des menschlichen Körpers und der Wirkung verschiedener Substanzen auf seine Organe und Gewebe ist, desto präziser und differenzierter wird die Wahrnehmung der Eignung oder Untauglichkeit der Objekte sein, die den Appetit anregen, und desto schärfer wird die Wahrnehmung sein das Gefühl von richtig oder falsch bei ihrer Verwendung.

Als weitere Veranschaulichung desselben Prinzips können wir **die Beziehung zwischen Eltern und Kindern heranziehen**. In den ärmeren Stadien der Gesellschaft und insbesondere bei einem Nomaden- oder Wandervolk gibt es kein ausreichendes Wissen über die Ressourcen der Natur oder die Möglichkeiten der Kunst, um selbst ein gesundes und kraftvolles Leben mehr als erträglich zu machen; Für die Gebrechlichen und Schwachen hingegen ist das Leben nur eine langwierige Last und Erschöpfung. Gleichzeitig besteht kein Verständnis für den intellektuellen und moralischen Wert des menschlichen Lebens und noch weniger für den Wert selbst seiner schmerzhaftesten Erfahrungen als Disziplin von ewigem Nutzen. Kurz gesagt, das Leben ist kaum mehr als ein bloßer Kampf ums Dasein. Was verwundert es dann, dass in manchen Stämmen die kindliche Frömmigkeit dazu verwendet wurde, überalterte Eltern aus einem Leben zu befreien, das gleichermaßen an Freude und Hoffnung mangelt; und dass in anderen Fällen die elterliche Liebe möglicherweise sogar dazu geführt hat, dass schwache, kränkliche und deformierte Kinder, die nicht in der Lage waren, zu einem selbsterhaltenden und unabhängigen Leben herangezogen zu werden, ausgesetzt wurden – im Hinblick auf ihren Untergang? Aber die zunehmende Auseinandersetzung mit der Natur und der Kunst offenbart ständig neue Möglichkeiten des Trostes und des Glücks im Leben, und zwar nicht nur für die Starken, sondern auch für die Schwachen, die Leidenden, die Hilflosen, so dass es niemanden gibt, mit dem die Menschheit nicht zurechtzukommen weiß ein weiteres Leben wünschenswert machen. Gleichzeitig hat eine höhere Kultur deutlich gemacht, dass der gebrechlichste Körper der Sitz der höchsten geistigen Aktivität, der höchsten moralischen Exzellenz und des spirituellen Strebens sein kann und dass es in einem solchen Körper oft nur eine sicherere und vollständigere Ausbildung gibt ein höherer Seinszustand. Kindliche Frömmigkeit und elterliche Liebe tun daher alles in ihrer Macht Stehende, um das flüchtige Dasein der Abgenutzten und Altersschwachen zu verlängern und das Leben, das geboren zu sein scheint, um zu sterben, mit zärtlicher Sorgfalt zu hegen. Es gibt also in der begrenzten Sichtweise des Wilden eine offensichtliche Eignung für Praktiken, die auf den ersten Blick als Verbrechen gegen die Natur erscheinen; während zunehmendes Wissen eine echte und wesentliche Fitness entwickelt, in allen Feinheiten und Zärtlichkeiten der beharrlichsten und geschicktesten Liebe.

Diese Beispiele, die man ins Unendliche vermehren könnte, zeigen **die Abhängigkeit des Gewissens vom Wissen** , nicht für relativ richtige Entscheidungen, sondern für Urteile im Einklang mit dem absoluten Recht. Es gibt kein Thema, das der Handlung des Gewissens vorgelegt werden kann, bei dem nicht auf der Grundlage genau derselben Prinzipien abweichende und oft gegensätzliche Verhaltensweisen durch mehr oder weniger genaue Kenntnis des Themas und seiner Beziehungen diktiert werden könnten.

Man wird auch sehen, dass **das Gewissen mit zunehmendem Wissen einen immer größeren Handlungsspielraum hat** . Die Zahl gleichgültiger Handlungen wird dadurch verringert; die Zahl der positiv richtigen oder falschen Handlungen nahm zu. Eine *gleichgültige* Handlung ist eine Handlung, für deren Ausführung anstelle ihres Gegenteils kein Grund angegeben werden kann, bei dem es um die Frage nach richtig oder falsch geht. Wenn also die Vornahme oder Unterlassung einer bestimmten Handlung der Zeit, dem Ort, den Umständen und den betroffenen Personen gleichermaßen angemessen ist, ist die Handlung gleichgültig; oder wenn zwei oder mehr Wege zur Erreichung eines gewünschten Ziels gleichermaßen an Zeit, Ort, Umstände und Personen angepasst sind, ist die Wahl zwischen diesen Wegen moralisch gesehen eine Frage von Gleichgültigkeit. Aber mit einem sowohl umfassenderen als auch detaillierteren Wissen über die Natur, die Beziehungen und die Eignung von Wesen und Objekten finden wir immer mehr Fälle, in denen scheinbar gleichgültige Handlungen eine deutlich wahrnehmbare Eignung oder Ungeeignetheit aufweisen und so eine ausgeprägte Moral erlangen Charakter als richtig oder falsch.

Abschnitt III.

Wissensquellen. 2. Gesetz.

Das Gesetz ist das Ergebnis der kollektiven Erfahrung , teilweise einzelner Gemeinschaften, teilweise der gesamten Menschheit. Es fördert, schützt oder erlaubt zumindest alle Handlungen oder Verhaltensweisen, die als angemessen, im Einklang mit der Natur der Dinge und dem Wohlergehen der Menschen und daher als richtig erachtet wurden; Es verbietet und bestraft solche Handlungen oder Verhaltensweisen, die als unangemessen, gegen die Natur und das menschliche Wohlergehen und daher als falsch befunden oder angesehen werden. Es ist alles andere als perfekt; es liegt unter dem Standard der fortschrittlichsten Geister; aber es repräsentiert das durchschnittliche Wissen oder den durchschnittlichen Glauben der Gemeinschaft, zu der es gehört. **Die Gesetze** eines bestimmten Staates können nicht weit über diesen Durchschnitt hinausgehen; denn Gesetze, die nicht durch die allgemeine Meinung gestützt wurden, konnten nicht ausgeführt werden, und wenn sie im Gesetzbuch enthalten wären, hätten sie nicht die Natur und Kraft eines Gesetzes und würden nur deshalb in den Akten bleiben, weil sie nicht mehr bekannt gegeben wurden. Sie können diesen Durchschnitt auch nicht weit unterschreiten; Denn keine Regierung kann sich behaupten, solange ihre Gesetzgebung den Forderungen des Volkes nicht gerecht wird.

Während **das Gesetz** somit das durchschnittliche Glaubenswissen zum Ausdruck bringt, **tendiert es dazu, seinen eigenen moralischen Standard aufrechtzuerhalten** . Die darin verkörperten Rechtsvorstellungen sind Teil der Allgemeinbildung. Die spezifischen Verbrechen, Laster und Untaten, die das Gesetz zur Bestrafung vorsieht, werden von jungen Menschen schon in jungen Jahren als der nachdrücklichsten Tadel und Verurteilung würdig angesehen; während diejenigen, die das Gesetz ungestraft lässt, als vergleichsweise geringfügig und lächerlich angesehen werden. Darüber hinaus steht der Grad der Abscheu, mit dem eine Gemeinschaft lernt, bestimmte Verbrechen und Straftaten zu betrachten, nicht im Verhältnis zu ihrer tatsächlichen Abscheulichkeit, sondern zum Stress der offensichtlichen Schmach, die mit ihnen durch gesetzliche Strafen verbunden ist. Beispiele für diese Wirkung des Rechts auf die Meinung werden uns leicht ins Gedächtnis gerufen. So verliert ein gewöhnlicher Dieb und kann seine Stellung in der Gesellschaft kaum wiedererlangen; während der Mann, der durch unredlichen Bankrott hundert Diebstähle auf einmal begeht, seinen Platz auch in der christlichen Kirche unangefochten behaupten kann, während jeder weiß, dass er von dem Geld lebt, das er gestohlen hat – vielleicht im Luxus . Der offensichtliche Grund liegt darin, dass einfacher Diebstahl seit jeher mit angemessener, wenn nicht sogar unangemessener Härte bestraft wird, während das vergleichsweise junge Verbrechen des betrügerischen Bankrotts bisher nur sehr unvollkommen in die Reichweite des Strafrechts gebracht wurde. Auch hier kann kein Mensch mit klarem moralischen Urteilsvermögen daran zweifeln, dass derjenige, der sich bewusst und willentlich durch Trunkenheit verunstaltet, tadelnswerter ist als derjenige, der alkoholische Getränke verkauft, ohne zu wissen, ob sie innerlich oder äußerlich, mäßig oder maßlos, als Medizin oder als Luxus konsumiert werden sollen . Doch weil der Letztere sich mit Geld- und Gefängnisstrafen belegt, während der Erstere – sofern er nicht zu den benachteiligten Klassen gehört – Rechtsschutz genießt, statt der schändlichen Strafe, die er verdient, gibt es ein weit verbreitetes Vorurteil gegen den Verkäufer starker Getränke, und a seltsame Zärtlichkeit gegenüber dem maßlosen Verbraucher. Noch ein Beispiel. Es gibt Verbrechen, die schlimmer sind als Mord. Es gibt Arten moralischen Verderbens und Verderbens, deren Opfer zu töten eine Gnade war. Aber während der Mörder, wenn er dem Galgen entkommt, ein Ausgestoßener und Gegenstand allgemeiner Abscheu ist, ruht kein gesellschaftliches Verbot auf ihm, dessen Verbrechen der Tod der Unschuld und Reinheit war, der jedoch, wenn überhaupt durch das Gesetz erreicht, noch verschlimmert werden kann durch die Zahlung von Geld.

Aber obwohl das Gesetz in vielerlei Hinsicht ein unvollkommener moralischer Lehrer ist und seine Mängel zu bedauern sind, wird seine **erzieherische Kraft** stark als positiv empfunden, insbesondere in Gemeinschaften, in denen die Rechtspflege streng und unparteiisch ist. Es ist von nicht geringem Wert, dass ein Kind mit einem festen Glauben an die Verdorbenheit bestimmter Formen des Bösen aufwächst, zumal die positiven Bestimmungen des Strafgesetzes fast immer mit den klügsten Urteilen der besten Männer der Gemeinschaft übereinstimmen. Darüber hinaus ist das Recht in jeder zivilisierten Gemeinschaft fortschrittlich und in dem Maße, in dem es sich dem Maßstab des absoluten Rechts nähert, tendiert es dazu, die moralischen Überzeugungen der Menschen diesem Maßstab näher zu bringen. Es ist daher eine teilweise und enge Sichtweise des Rechts, es nur oder hauptsächlich als Instrument der Gesellschaft zur Aufdeckung und Bestrafung oder sogar zur direkten Verhütung von Straftaten zu betrachten. Seine weitaus wichtigere Funktion besteht darin, den größten Teil jeder heranwachsenden Generation zu erziehen, damit bestimmte Formen und Arten des Bösen niemals in ihre Pläne oder Absichten eindringen.

Das **Zivilrecht ist** ebenso wie das Strafrecht **eine Quelle der Rechtserkenntnis** . Das Gesetz schafft nicht die Rechte von Personen und Eigentum, sondern definiert sie lediglich. Die Gesetze verschiedener Nationen sind tatsächlich sehr unterschiedlich; Aber es kann in ihrer jeweiligen Geschichte etwas geben, das einen Unterschied in den tatsächlichen Rechten der Bürger macht, oder ihre Zivilgesetzbücher können unterschiedliche Stufen der Herangehensweise an das Recht aufweisen. Daher unterscheiden sich die Gesetze über die Übertragung und Vererbung von Eigentum in mancher Hinsicht von denen in Frankreich, England und den Vereinigten Staaten und unterscheiden sich in den verschiedenen Staaten unserer Union erheblich. Aber es gibt im Allgemeinen historische Gründe für diese Abweichung, und es würde sich herausstellen, dass den Zielen der Gerechtigkeit am besten gedient und die vernünftigen Erwartungen der Menschen in jeder Gemeinschaft am besten durch ihre eigenen

Verfahrensmethoden erfüllt werden. Durch das Gesetz des Landes erfahren wir möglicherweise bürgerliche Rechte und Pflichten, die wir nicht durch eigene unabhängige Forschung ermitteln können.

Es bleibt uns überlassen, von den **faktischen Rechten und Unrechten zu sprechen** , die angeblich durch das Gesetz geschaffen werden. Davon gibt es viele. Somit ist eine Art der Abwicklung eines Verkaufs oder einer Übertragung an sich genauso gut wie eine andere; und man könnte plausibel behaupten, dass es bei fairer und ehrenhafter Führung des Geschäfts keine Rolle spielt, ob die gesetzlich vorgeschriebenen Formulare – die manchmal mühsam und kostspielig sind – eingehalten oder weggelassen werden. Man könnte sagen, dass das Gesetz hier eine Verpflichtung schafft, für die es keinen Grund in der Natur oder der Eignung der Dinge gibt. Dies leugnen wir. Es ist von Natur aus angemessen, dass alle Transaktionen, die strittig oder fragwürdig sind, so durchgeführt werden sollten, dass sie bescheinigt werden können; und dies kann nur durch die Einführung einheitlicher Methoden erreicht werden. Wer von ihnen abweicht, begeht nicht nur eine illegale, sondern auch eine unmoralische Handlung; und die gesetzlichen Bestimmungen der hier diskutierten Art haben einen pädagogischen Wert, da sie das Wissen des Einzelnen über die Bedingungen und Mittel für Sicherheit, Ordnung und gutes Verständnis in der menschlichen Gesellschaft erweitern.

Ähnliche Überlegungen gelten für die **gesetzlich geschaffenen Straftaten** . Als Beispiel könnte Schmuggel dienen. Zweifellos gibt es Schmuggler, die nicht stehlen würden; und ihre Entschuldigung ist, dass sie nur die Eigentumsrechte an ihrem eigenen Eigentum ausüben. Aber die Öffentlichkeit muss Eigentum haben, sonst wird ihre Gemeinschaft aufgelöst; Die Regierung muss über dieses Eigentum verfügen können, andernfalls werden ihre Funktionen ausgesetzt. Den Menschen muss beigebracht werden, dass die Rechte des Staates untrennbar mit denen des Einzelnen verbunden und nicht weniger heilig sind, und die Gesetze zum Schutz der Einnahmen gehören zu den wirksamsten Mitteln, um diese Lektion zu vermitteln. Ihr einziger Fehler besteht darin, dass sie Einnahmenbetrug weniger schändlich behandeln als andere Formen des Diebstahls und daher nicht die ganze Wahrheit verkünden, dass es keinen moralischen Unterschied zwischen dem, der die Öffentlichkeit beraubt, und dem, der irgendetwas davon beraubt, gibt einzelne Mitglieder.

Abschnitt IV.

Wissensquellen. 3. Christentum.

Religion kann in ihrem Verhältnis zur Ethik sowohl als Wissensquelle als auch als Motivgeber für die Pflichterfüllung angesehen werden . Wir befassen uns jetzt mit dem ersteren Aspekt; und für unseren gegenwärtigen Zweck wird es ausreichen, festzustellen, wie viel **das Christentum** zu unserem Wissen über die Eigenschaften beiträgt , die allen Fragen von Recht und Pflicht zugrunde liegen. Wir unterschätzen keineswegs den wohltätigen Dienst der natürlichen Religion in der Abteilung für Ethik. Aber die größten Skeptiker geben zu, dass das Christentum die gesamte Naturreligion einschließt, während seine Anhänger behaupten, dass es die Naturreligion nicht nur mit einer Sicherheit, Präzision und Autorität lehrt, die sonst gefehlt hätte, sondern auch ein größeres und tieferes Wissen über Gott und das Universum vermittelt liegt im Rahmen der menschlichen Vernunft.

Das Christentum deckt den gesamten Bereich menschlicher Pflichten ab und offenbart viele Fähigkeiten, die man erkennt, wenn man sie sieht, die aber von wenigen oder niemanden entdeckt werden, unabhängig von den Lehren und dem Beispiel seines Gründers; während es vielen anderen Fitnessen den Nachdruck und die Bestätigung einer göttlichen Offenbarung verleiht, die leicht zu erkennen sind, aber leicht übersehen und vernachlässigt werden können.

Indem das Christentum **die Beziehungen der einzelnen menschlichen Seele zu Gott definiert** , eröffnet es unserer Sicht einen Aufgabenbereich, der an Bedeutung und Interesse allen anderen überlegen ist. Seine väterliche Liebe und Fürsorge, seine moralische Führung und Disziplin, seine vergeltende Vorsehung definieren mit unverkennbarer Deutlichkeit bestimmte entsprechende Verhaltensweisen, zum Teil des äußeren Handelns und zum noch größeren Teil des Handelns im inneren Bereich des Denkens, von dem das äußere Leben ausgeht seine Richtung und sein Impuls.

Die Brüderlichkeit der gesamten Menschheit bringt auch Verpflichtungen mit sich, die auf keinem anderen Grund bestehen würden; und für die klare und selbstverständliche Aussage dieser Wahrheit sind wir ausschließlich dem Christentum zu verdanken. Die sichtbaren Unterschiede von Rasse, Hautfarbe, Kultur, Religion und Bräuchen sind an sich dissoziierende Einflüsse. Solange diese Unterschiede im Vordergrund stehen, ist eine universelle Nächstenliebe unmöglich. Die Sklaverei war eine natürliche und sympathische Institution unter heidnischer Schirmherrschaft; Auch haben wir in der gesamten antiken außerchristlichen Literatur, außer bei Seneca (bei dem solche Gefühle indirekt einen christlichen Ursprung gehabt haben könnten ⌐, keinen einzigen Ausdruck einer Gemeinschaft, die breit genug ist, um alle Verschiedenheiten des Zustands, geschweige denn, zu umfassen Wettrennen. Aber der Christ muss, sofern er sich damit einverstanden erklärt, die offensichtliche und unbestrittene Bedeutung der Mission und Lehren Christi anzunehmen, alle Menschen ihrer Natur nach in der väterlichen Fürsorge der göttlichen Vorsehung, in ihren religiösen Privilegien, Rechten und Fähigkeiten stehen auf Augenhöhe. Mit dieser Sichtweise kommt er nicht umhin, die Eignung und damit die Verpflichtung vieler Formen sozialer Pflichten, erweiterter Wohltätigkeit und unbegrenzter Philanthropie zu erkennen, die auf der Grundlage einer eingeschränkten Theorie menschlicher Brüderlichkeit weder angemessen noch vernünftig wären.

Zweitens wirft **die Unsterblichkeit der Seele ein zugleich breites und durchdringendes Licht auf und in jeden Bereich der Pflicht;** denn ohne nähere Erläuterung ist es offensichtlich, dass die Fähigkeiten, Bedürfnisse und Pflichten eines irdischen Wesens von kurzer Dauer und die eines Wesens in der Kinderstube und im ersten Stadium einer endlosen Existenz sehr weit voneinander entfernt sind – dass letztere sehr weit voneinander entfernt sind mag es passend finden und es daher für richtig halten, viele Dinge zu tun, zu suchen, zu meiden, zu unterlassen, zu ertragen, aufzugeben, die für erstere völlig gleichgültig sind. In gewissem Sinne wurde die Unsterblichkeit vor der Ankunft Christi geglaubt, aber nicht mit ausreichender Bestimmtheit und Gewissheit, um in irgendeinem ethischen System einen herausragenden Platz einzunehmen oder den Standpunkt zu liefern, von dem aus alle Dinge im irdischen Leben erfolgen sollten betrachtet. Tatsächlich leugneten einige der tugendhaftesten Menschen des Altertums, unter anderem Epictetus, für den es keinen besseren Menschen gab, ausdrücklich das Leben nach dem Tod und konnten natürlich keine Vorstellung von den Aspekten menschlicher und irdischer Angelegenheiten haben, wie sie gesehen werden im Licht der Ewigkeit.

Das Christentum leistet einen weiteren Beitrag zum ethischen Wissen in **der Person und im Charakter seines Gründers** , indem es in ihm genau die von ihm vorgeschriebenen Fähigkeiten zur Schau stellt, uns die Proportionen und Harmonien der Tugenden zeigt, wie es in bloßen Geboten nicht möglich wäre, und die unnahbare Schönheit offenbart und Majestät der sanfteren Tugenden, ⁴die in vorchristlichen Zeiten manchmal zweitrangig gemacht wurden, manchmal mit Verachtung und Spott abgelehnt. Wir können die Bedeutung dieser Lehre anhand des Beispiels nicht hoch genug einschätzen. Es gibt sehr viele Fälle, in denen die Eignung einer bestimmten Verhaltensweise nur durch Experimente überprüft werden kann; und Jesus Christus unternahm mit Erfolg mehrere Moralexperimente, die in der Erinnerung des Menschen noch nie zuvor versucht worden waren, und bewies in seiner eigenen Person und durch den Erfolg seiner Religion den überlegenen Wert und die Wirksamkeit von Eigenschaften, die diesen Namen zuvor nicht getragen hatten der Tugenden.

Universalität moralischer Gesetze verkündet. Es gibt viele Fälle, in denen es uns nicht nur zweckdienlich, sondern sogar richtig erscheinen mag, einen in den meisten Fällen als gültig anerkannten Grundsatz außer Kraft zu setzen, Gerechtigkeit oder Wahrheit zugunsten eines dringenden Anspruchs auf Almosen zu verletzen oder zu verletzen Zustimmung zur Ausführung eines kleinen Übels zur Erreichung eines großen Gutes. Aber in allen solchen Fällen setzt das Christentum seine zwingenden Gebote ein und versichert uns aufgrund einer Autorität, die der Christ als höchste und unfehlbare Autorität ansieht, dass es keine Ausnahmen oder Einschränkungen zu irgendeiner Rechtsregel gibt; dass das moralische Gesetz in all seinen Teilen eine unveräußerliche Verpflichtung darstellt und dass das höchste Gut nur das Ergebnis unflexiblen Gehorsams sein kann.

Dass das **Christentum ein umfassenderes Wissen über das Recht vermittelt**, als es unabhängig von seinen Lehren erreicht werden kann, zeigt die Überprüfung aller außerchristlichen ethischen Systeme. Es gibt keine davon, die nicht zugegebenermaßen wesentliche Teile des Rechts auslässt, und kaum eine, die nicht zugegebenermaßen falsche und böse Dispositionen und Verhaltensweisen gutheißt; während selbst diejenigen, die das Christentum als göttliche Offenbarung ablehnen, ähnliche Auslassungen und Fehler in der Ethik des Neuen Testaments nicht erkennen. Obwohl es also kaum ein Gebot Jesu Christi gibt, das seinesgleichen nicht in den ethischen Schriften Griechenlands, Chinas, Indiens oder Persiens finden kann, geben die Fehlerlosigkeit und Vollständigkeit seiner Lehren ihnen einen eigenständigen Platz und gehören dazu die stärksten inneren Beweise ihrer Göttlichkeit. Sie unterscheiden sich auch durch ihre Positivität von den ethischen Systemen anderer Lehrer. Andere sagen: „Das sollst du nicht." Jesus Christus sagt: „Du sollst." Sie verbieten und verbieten; Er befiehlt. Sie schreiben Abstinenz vom Bösen vor; Er, ein ständiger Ansatz zur Perfektion. In unserer Zeit wird oft davon ausgegangen, dass der Buddhismus eine höhere Ebene als das Christentum einnimmt; aber seine Gebote sind alle negativ, seine Tugenden sind negativ, und sein Schüler gilt als nahezu vollkommen, wenn er sich körperlich, geistig und seelisch völlig ruhig und träge gemacht hat. Das Christentum hingegen fordert die unermüdliche Tätigkeit aller Mächte und Fähigkeiten im Streben nach den höchsten Zielen.

Kapitel VI.

Rechte und Pflichten.

Von den Dingen, die angemessen und richtig sind, gibt es einige, die zwar allgemein beschrieben werden können, aber nicht mit völliger Genauigkeit definiert und eingegrenzt werden können; Es gibt andere, die **so offensichtlich und offensichtlich oder so leicht zu ermitteln sind** , dass sie in präziser Form und in genauem Maß von denen, denen sie zustehen, beansprucht **und** von denen, von denen sie zustehen, **verlangt werden können** . Letztere sind Rechte, und die daraus resultierenden Pflichten sind **Pflichten** . Daher ist es richtig, dass ein armer Mann erleichtert wird; und es ist meine Pflicht, so weit ich kann, den Armen zu helfen. Aber dieser oder jener einzelne arme Mann kann nicht behaupten, es sei meine Pflicht und nicht die meines Nächsten, für seine Bedürfnisse zu sorgen, oder dass ich verpflichtet bin, ihm das zu geben, was ich sonst seinem ebenso bedürftigen Nachbarn geben würde. Er hat keinen besonderen Anspruch auf einen Teil meines Geldes oder meiner Güter; Ich habe keine besondere Verpflichtung, ihm etwas zu geben. Aber wenn mir jemand Geld geliehen hat, hat er Anspruch auf so viel von meinem Geld oder meinen Gütern, wie er ihm mit Zinsen zurückzahlen kann; und ich bin verpflichtet, es ihm zurückzuzahlen. Auch hier ist es richtig, dass auf der öffentlichen Straße unter denen, die sie zu ihrer Durchgangsstraße machen, gegenseitige Entgegenkommen, Höflichkeit und Freundlichkeit herrscht; Aber niemand kann den genauen Abstand vorschreiben, innerhalb dessen man sich ihm nicht nähern darf, oder den genauen Druck, der auf seine Annäherungsversuche in einer Menschenmenge zulässig sein darf. Noch kann der einzelne Bürger die Straße nicht so besetzen, dass er diejenigen behindert, die sie nutzen. Er hat keine exklusiven Rechte auf der Straße; auch andere sind nicht verpflichtet, ihm besondere Privilegien zu gewähren. Aber er hat das Recht, aus seinem eigenen Garten auszuschließen, wen er will, und ihn so zu bewohnen, wie es ihm am besten gefällt; und seine Mitbürger sind verpflichtet, ihre Füße von seinen Gassen und Blumenbeeten, ihre Hände von seinen Früchten fernzuhalten und sich aller Handlungen zu enthalten, die ihn bei der Nutzung und dem Genuss seines Gartens stören oder verletzen könnten.

Rechte – mit den entsprechenden Pflichten – können in natürliche und **rechtliche** unterteilt werden . Aber die Teilung ist eher nominell als real; Denn erstens gibt es keine definierbaren Naturrechte, die in zivilisierten Ländern nicht unter der Sanktion und dem Schutz des Gesetzes stehen; Zweitens ist es eine offene Frage, ob einige allgemein anerkannte Rechte – wie zum Beispiel das Eigentumsrecht – unabhängig vom Gesetz bestehen;

und drittens kann andererseits behauptet werden, dass das Gesetz keine Macht hat, etwas zu schaffen, sondern nur dazu befugt ist, Rechte zu erklären.

Eine der wichtigsten Rechtsinstanzen in Bezug auf Rechte besteht in der Einschränkung **natürlicher Rechte** . Einfach in seinem Verhältnis zur äußeren Natur betrachtet, hat der Mensch ein offensichtliches Recht auf alles, was er zu seinem Vergnügen oder Wohlergehen beitragen kann . Aber seine Mitmenschen haben das gleiche Recht. Wenn es also eine begrenzte Versorgung mit dem gibt, was er und sie mit gleichem Recht beanspruchen können, ist die Alternative einerseits Usurpation oder ewiger Streit oder andererseits eine Anpassung, durch die jeder einen Teil davon abgibt was er beanspruchen könnte, wenn es keinen Mitantragsteller gäbe, und somit soll jeder seinen Anteil an dem haben, was allen gleichermaßen gehört. Es ist Sache des Gesetzes, diese Anpassung gerecht vorzunehmen. Das Problem, das es zu lösen versucht, lautet: Wie kann jeder einzelne Bürger das größtmögliche Maß an Freiheit und materiellem Wohlergehen sichern, im Einklang mit den anerkannten oder etablierten Rechten anderer? Unter republikanischen Institutionen stellt sich dieses Problem in der einfachsten Form dar, da die Gesellschaft im Prinzip eine gleichberechtigte Partnerschaft ist, in der niemand eine größere Dividende als der andere beanspruchen kann. Wo aber Geburt oder Zustand bestimmte besondere Rechte verleihen, muss das Problem so abgeändert werden, dass die den einfachen Bürgern zugestandenen Rechte nicht mit diesen ererbten oder erworbenen Rechten kollidieren. In beiden Fällen sind die Rechte jedes Mitglieds der Gemeinschaft nur durch die entsprechenden Rechte anderer begrenzt. Pflichten entsprechen Rechten. Jedes Mitglied der Gemeinschaft ist verpflichtet, Eingriffe in die Rechte anderer stets zu unterlassen und in vielen Fällen zur Sicherung oder Verteidigung dieser Rechte beizutragen, wobei es bei gleichen Gelegenheiten und auf ähnliche Weise dafür sorgt, dass seine eigenen Rechte von anderen geschützt werden.

Rechte in Bezug auf die Person, das Eigentum und den Ruf gesondert betrachten .

1. **Rechte der Person.** Das wichtigste davon ist das Recht auf Leben, von dem natürlich alles andere abhängt, was man genießen kann. Dieses Recht wird nicht nur durch direkte Gewalt verletzt, sondern auch durch alles, was die Gesundheit beeinträchtigen oder gefährden kann. Die entsprechende Verpflichtung des einzelnen Mitglieds der Gesellschaft besteht darin, alle Handlungen, Beschäftigungen oder Freizeitaktivitäten zu unterlassen, die das Leben oder die Gesundheit gefährden könnten, und der Gesellschaft als Ganzes, eine zum Schutz ihrer Mitglieder angemessene Polizeitruppe

bereitzustellen, diese zu verbieten und zu bestrafen alle Gewaltverbrechen zu verhindern, angemessene Hygienevorschriften zu erlassen und aufrechtzuerhalten und solche Belästigungen zu unterdrücken, die nicht nur ärgerlich, sondern auch schädlich sein können.

Aber der Bürger hat nur Anspruch auf Schutz, solange er Handlungen unterlässt, durch die er das Leben anderer gefährdet. Wenn er einen anderen Mann mit einer tödlichen Waffe angreift und ihm dabei das Leben genommen wird, hat der Jäger kein Recht verletzt, ja, soweit es moralische Erwägungen betrifft, ist er nicht einmal der Jäger; Denn der Mann, der sich zu Unrecht in eine Lage bringt, in der ein anderes Leben nur auf die Gefahr seines eigenen geschützt werden kann, wenn sein eigenes verwirkt wird, hat praktisch Selbstmord begangen. Der Fall ändert sich auch nicht wesentlich, wenn sich ein Mann durch die Begehung einer rechtswidrigen Handlung in eine Lage bringt, in der vernünftigerweise davon ausgegangen werden kann, dass er Gewalt beabsichtigt. Während sowohl Gesetz als auch Gewissen mich verurteilen würden, wenn ich am helllichten Tag einen Dieb töte, um mein Eigentum zu schützen, – wenn ein Einbrecher nachts ohne Gewaltabsicht in mein Haus eindringt, und doch in der Überraschung und Dunkelheit des Sobald ich Grund zu der Annahme habe, dass mein Leben und das meiner Familie durch ihn in Gefahr sind, betrachtet das Gesetz die Ermordung einer solchen Person als gerechtfertigten Mord; und mein Gewissen würde mich bei der Verteidigung des Rechts auf Leben meiner Familie und mir selbst entlasten, und zwar gegen jemanden, dessen Absicht oder Bereitschaft, Gewalt zu begehen, vernünftigerweise aus seiner eigenen rechtswidrigen Handlung abgeleitet werden kann.

In manchen Fällen und durch bestimmte Vorschriften schränkt die Gesellschaft das Recht des einzelnen Bürgers auf Leben ein, und zwar **zum bedingten Nutzen eines jeden – zum absoluten Nutzen aller** . Solange die Menschen in Charakter und Zustand nicht vollkommen sind, muss es zwangsläufig zu einem Lebensopfer kommen; aber dieses Opfer kann durch eine vernünftige Gesetzgebung auf ein *Minimum reduziert werden* . Wenn nun ohne eine solche Gesetzgebung der Prozentsatz der Todesfälle zahlenmäßig viel höher wäre als unter gut formulierten Gesetzen, handelt es sich bei den im Rahmen dieser Gesetze geopferten Leben lediglich um Fälle, in denen das Recht des Einzelnen dazu gemacht wird, den überragenden Rechten der Gemeinschaft nachzugeben. Daher besteht kein Zweifel daran, dass ansteckende Krankheiten der bösartigsten Art in vielen Fällen bei den Patienten zu Hause erfolgreicher behandelt werden könnten als in öffentlichen Krankenhäusern. Aber wenn durch die Verlegung von Patienten in Krankenhäuser die Zahl der Fälle erheblich verringert und die Ansteckung schnell eingedämmt werden kann, ist diese Verlegung das Recht der Gemeinschaft – jedoch nicht unter Umständen unnötiger Entbehrungen und

Härten, nicht ohne die besten Hilfsmittel Trost, Fürsorge und Geschicklichkeit, die man mit Geld erlangen kann; denn die Öffentlichkeit kann in der Ausübung eines solchen Rechts nur durch die Ausweitung der großzügigsten menschlichen Ämter auf diejenigen gerechtfertigt sein, die für das Gemeinwohl gefährdet sind.

Nur aus ähnlichen Gründen kann die **Todesstrafe für Mord gerechtfertigt werden.** Das Leben der schlimmsten Menschen sollte nur für die Erhaltung des Lebens geopfert werden; denn wenn es unsicher wäre, sie in Freiheit zu lassen, können sie unter Zwang und Zwang gehalten werden, ohne dass sie völlig von den Mitteln zum Vergnügen und zur Verbesserung abgeschnitten werden. Der urzeitliche Brauch der früheren Nationen verlangte, dass der nächste Verwandte des Ermordeten den Mörder mit eigener Hand tötete und dabei sein Blut vergoss, von dem man annahm, dass es eine geheimnisvolle Wirksamkeit bei der Sühne des Verbrechens hatte. Diese Form der Rache wurde durch die Institutionen Moses stark eingeschränkt und eingeschränkt; Mit der wachsenden Zivilisation der Juden geriet es unter den Juden in Vergessenheit; und war sicherlich Teil der vollständigen Aufhebung des Gesetzes der Vergeltung durch Jesus Christus. [5]

Aber wenn bei den gefährlichen Klassen von Menschen die Furcht vor der Todesstrafe ein abschreckendes Mittel gegen Gewaltverbrechen ist, so dass die Zahl der Morde geringer ist und das Leben friedlicher Bürger sicherer ist, als wenn Mord mit einer milderen Strafe geahndet würde, dann ist es so ist das unbestrittene Recht der Öffentlichkeit, das Recht des Mörders auf Leben zu konfiszieren und so die kleinere Zahl vergleichsweise wertloser Leben für die Sicherheit der größeren Zahl von Leben zu opfern, die für die Gemeinschaft wertvoll sein könnten. Oder wenn der zu ewiger Haft verurteilte Mörder durch den verschwenderischen Gebrauch der Begnadigungsbefugnis wahrscheinlich unreformiert und mit Leidenschaften, die zur Wiederholung seines Verbrechens führen können, auf die Gesellschaft losgelassen wird, ist es umso passender, dass er getötet wird , als dass er bewahrt bleibt, um noch mehr Unheil anzurichten. Noch einmal, wenn in der Todesstrafe für Mord eine erzieherische Kraft steckt, wenn durch sie jede neue Generation zu größerer Ehrfurcht vor dem menschlichen Leben und zu größerer Abscheu und Abscheu vor dem Verbrechen, durch das es zerstört wird, erzogen wird ,- dann soll die Todesstrafe als Mittel beibehalten werden, um eine unberechenbar größere Zahl von Leben zu retten, als sie opfert. Aus diesen Gründen sind wir, wenn auch im Gegensatz zu einer frühen und starken Überzeugung, gezwungen, die Überzeugung zum Ausdruck zu bringen, dass in unserer Zeit und in unserem Land die Todesstrafe für den Mörder für die Sicherheit der Öffentlichkeit notwendig und als lebenslange Strafe gerechtfertigt ist. Sparmaßnahme.

im **erzwungenen Militärdienst** stellt die gesetzliche Autorität das Leben eines Teils der Bürger zur Verfügung, um die Sicherheit einer größeren Zahl zu gewährleisten. Es ist eine unbestreitbare Wahrheit, dass Krieg aufgrund seiner moralischen Verwandtschaft vom Bösen erzeugt wird, mit zahllosen Formen des Bösen verbunden ist und unzählige Nachkommen des Bösen hat. Aber es ist ebenso wahr, dass der Krieg in nicht seltenen Abständen wiederkehren wird, solange die moralischen Übel, aus denen er entsteht, nicht beseitigt werden. Die Komplikationen internationaler Angelegenheiten sind so groß, dass die gerechteste und friedlichste Politik ein Volk möglicherweise nicht immer vor feindlichen Aggressionen schützt. während Aufstand, Aufruhr und Bürgerkrieg nicht nur aus staatlicher Unterdrückung resultieren können, sondern auch aus den heilsamsten Reform- und Fortschrittsmaßnahmen. In solchen Fällen ist Selbstverteidigung seitens der angegriffenen Nation oder Regierung ein Recht und eine Pflicht, selbst im Interesse des menschlichen Lebens und noch mehr im Interesse von Interessen, die wertvoller sind als das Leben. Darüber hinaus verliert die aggressive Nation selbst in einem Krieg der unprovozierten Aggression nicht das Recht auf Selbstverteidigung durch den prinzipienlosen Ehrgeiz ihrer Herrscher, und wenn der Krieg einmal erklärt ist, kann seine energische Verfolgung die einzige Möglichkeit sein, Katastrophe oder Ruin abzuwenden. So wird der Krieg für die daran beteiligten Nationen zu einer Notwendigkeit, für die er sorgen muss, auch wenn er auf Seiten seiner Befürworter und Unterstützer stets schreckliches Unrecht mit sich bringt.

Diese Bestimmung kann in einigen Fällen durch freiwillige Anmeldung erfolgen; aber in den meisten zivilisierten Ländern hat es sich als notwendig erwiesen, die Armee durch Rekrutierung zu füllen und zu rekrutieren, wodurch das Leben eines Teils der Bürger gewaltsam gefährdet wurde, um das schlimmste Unglück vom Boden und den Häusern der Bevölkerung abzuwenden von Invasion, Verwüstung und Eroberung. Soweit dies notwendig ist, ist es zweifellos richtig, und die so geopferten Leben dienen zu Recht der Sicherheit und dem Wohlergehen des gesamten Volkes. Aber indem wir dieses Eingeständnis machen, würden wir ohne Einschränkung oder Einschränkung sagen, dass Krieg im Wesentlichen unmenschlich, barbarisch ist und im Widerspruch zu den Prinzipien und dem Geist des Christentums steht und diesen widerspricht, und dass, sollte die Welt jemals vollständig christianisiert werden, die Zeiten, in denen es Krieg gab möglich, wird mit dem gleichen Entsetzen zurückblicken, mit dem wir jetzt Kannibalismus betrachten.

Mit dem Recht auf Leben verbunden und für dessen vollen Genuss unerlässlich, ist das **Recht auf Freiheit** . Dazu gehört das Recht, seine Beschäftigungen und Freizeitaktivitäten selbst zu bestimmen, seine Zeit so einzuteilen und zu nutzen, wie es ihm gut erscheint, zu gehen, wohin er will, seine Stimme oder seinen Einfluss in öffentlichen Angelegenheiten so zu verleihen, wie er es für richtig hält, und seine Meinung zum Ausdruck zu bringen eigene Meinungen mündlich, schriftlich oder durch die Presse vertreten, ohne Behinderung oder Belästigung. Diese verschiedenen Rechte stehen allen gleichermaßen zu; Da sie jedoch ohne gegenseitige Beeinträchtigung und Belästigung nicht in vollem Umfang ausgeübt werden können, erlaubt der gesunde Menschenverstand der Menschheit, der sich durch das Gesetz ausdrückt, jedem Einzelnen, sie nur insoweit zu genießen, als er dies im Einklang mit seiner Freiheit, seinem Komfort und seinem Wohlergehen kann Mitbürger.

Die Sklaverei ist in der Christenheit so gut wie ausgerottet, dass es überflüssig ist, sich auf die Kontroverse einzulassen, der sich noch vor einigen Jahren keine Abhandlung über Moralphilosophie hätte entziehen können. Sie wurde nur durch offensichtliche Sophistik verteidigt, und ihre Befürworter argumentierten von der Tatsache nach rechts und erfanden die letztere, um die erstere aufrechtzuerhalten.

Bei Minderjährigen ist die persönliche Freiheit aufgrund ihres **unreifen** Urteilsvermögens und ihrer Diskretion, ihrer natürlichen Abhängigkeit von den Eltern und ihres gewöhnlichen Aufenthalts unter dem elterlichen Dach **gesetzlich und zu Recht eingeschränkt .** Das Alter der reifen Urteilskraft variiert sehr stark, nicht nur bei verschiedenen Rassen, sondern auch bei verschiedenen Individuen derselben Rasse, ebenso wie die Zeit der Emanzipation vom kontrollierenden Einfluss der Eltern und eines unabhängigen und selbsterhaltenden Lebenszustands. Da es der Regierung jedoch unmöglich ist, bei jedem Einzelnen spezielle Untersuchungen durchzuführen, und da, wenn dies möglich wäre, unendlich viel Raum für Günstlingswirtschaft und hässliche Unterscheidungen bestehen würde, ist die Festlegung eines Durchschnittsalters für Eltern von Natur aus sinnvoll oder *quasi* -elterliche Vormundschaft endet, und danach trägt der Mann die volle und alleinige Verantwortung für seine eigenen Handlungen. Es liegt auf der Hand, dass die Freiheit von Geisteskranken und Schwachsinnigen so weit eingeschränkt werden sollte, wie es für ihre eigene Sicherheit und die anderer notwendig ist. Darüber hinaus gibt es in den meisten Gemeinden eine Bestimmung, nach der berüchtigte Verschwender unter Vormundschaft gestellt werden können und dadurch an der rechtmäßigen Verfügung über ihr eigenes Eigentum gehindert werden können. Dies mag mit der Begründung gerechtfertigt sein, dass sie durch beharrliche Verschwendung der Öffentlichkeit den Vorwurf ihres eigenen Unterhalts und des ihrer Familien aufbürden könnten.

Die Inhaftierung ist seitens der Gesellschaft eine Maßnahme, nicht der Rache, sondern der Selbstverteidigung. Der Zweck dieser Bestrafungsart besteht erstens darin, eine schnelle Wiederholung des Verbrechens seitens der bestraften Person zu verhindern; zweitens, entweder auf seine moralische Natur durch Einsperrung, Arbeit und Unterweisung einzuwirken, oder im schlimmsten Fall auf seine Ängste durch die Angst vor wiederholter und längerer Zurückhaltung, damit er in Zukunft von Verbrechen Abstand nehmen kann; und schließlich sollen diejenigen, die andernfalls in Versuchung geraten könnten, ein Verbrechen zu begehen, davon abgehalten werden, sich den strafrechtlichen Konsequenzen auszusetzen. Was den Gefangenen betrifft, so hat er zu Recht das Recht auf Freiheit verwirkt, indem er es zum Angriff auf die Rechte anderer nutzte.

Bei Handlungen, die an sich nicht falsch sind, wird die Freiheit des Einzelnen zu Recht eingeschränkt, wenn sie die Gesundheit, das Wohlbefinden oder die rechtmäßigen Beschäftigungen seiner Nachbarn beeinträchtigen würde. Somit hat niemand das Recht, weder rechtlich noch moralisch, in einer bewohnten Umgebung einen Handel oder eine Industrie zu gründen, die angeblich die Luft oder das Wasser in seiner Nachbarschaft vergiftet; Auch hat man kein moralisches Recht (selbst wenn es technische Schwierigkeiten gibt, seinen Anruf als Belästigung zu bezeichnen), seine Nachbarn durch einen Nebenberuf zu belästigen, der grob beleidigend oder unerträglich laut ist. Allein aus diesem Grund kann eine Gesetzgebung mit Bezug auf den Tag des Herrn gerechtfertigt werden. Christen haben kein Recht, Juden, Heiden oder Ungläubigen die völlige Einstellung von Arbeit, Geschäft oder Erholung am Sonntag aufzuzwingen, und der Versuch von Zwangsmaßnahmen dieser Art kann nur auf den Schaden der Sache reagieren, der sie dienen. Aber wenn die Mehrheit der Menschen es für ihre Pflicht hält, den ersten Tag der Woche als einen Tag der Ruhe und Andacht zu begehen, haben sie ein Recht darauf, bei der Einhaltung dieses Tages durch die Unterdrückung solcher Arten, Grade und Darstellungen der Arbeit geschützt zu werden und Erholung, die ihre Nutzung des Tages für seine heiligen Zwecke im Wesentlichen beeinträchtigen würde.

2. **Das Recht auf Eigentum** ist eine unvermeidliche Folge des Rechts auf Freiheit; denn dazu gehört die Freiheit, nach eigenem Willen zu arbeiten, und zu welchem Zweck kann ein Mensch arbeiten, wenn er nicht die Frucht seiner Arbeit zu seinem eigenen machen kann? Alles Eigentum, außer Land, wurde durch Arbeit geschaffen. Außer dort, wo die Sklaverei legalisiert ist, wird anerkannt, dass der Arbeiter der von ihm geschaffene Wert besitzt. Wenn es sich um einen Artikel handelt, der vollständig von ihm selbst hergestellt oder hergestellt wurde, steht es ihm zu, ihn zu behalten, zu verwenden, zu verschenken oder zu verkaufen. Wenn seine Arbeit für Materialien aufgewendet wird, die ihm nicht gehören, oder wenn er einer Gruppe von Arbeitern angehört, hat er Anspruch auf einen angemessenen Gegenwert für die von ihm geleistete Arbeit.

Zweifellos entstand **das Eigentum an Land durch Arbeit.** Ein Mann galt als Besitzer so viel Land, wie er bestellte. Bei einer geringen Bevölkerungsdichte hätte keine Gefahr einer gegenseitigen Beeinträchtigung bestehen können; und in jedem Land müssen Regierungen eingesetzt worden sein, bevor es zu einer ausreichend engen Besetzung des Bodens kam, um Zusammenstöße und Konflikte zwischen den Bewohnern hervorzurufen. Die Regierungen der Frühzeit bestätigten im Allgemeinen die Titel, die auf der produktiven Nutzung beruhten, und behandelten das unbewohnte Land als Eigentum des Staates, das entweder gemeinsam gehalten oder als Belohnung für Treue oder Dienste an einzelne Eigentümer abgetreten werden sollte. oder auf öffentliche Rechnung verkauft werden.

Es ist offensichtlich, dass die **Sicherheit des Eigentums für Zivilisation und Fortschritt von wesentlicher Bedeutung ist** . Die Menschen würden nur für die Bedürfnisse des Tages arbeiten, wenn sie die Früchte ihrer Arbeit nicht behalten und genießen könnten; Sie wären auch nicht bestrebt, industrielle Verbesserungen jeglicher Art zu erfinden oder zu verwirklichen, wenn sie kein dauerhaftes Interesse an den Ergebnissen solcher Verbesserungen hätten. Wenn es keinen Eigentumsschutz gäbe, gäbe es auch keine Kapitalakkumulation, und ohne Kapital gäbe es kein Unternehmen, keine kombinierten Industrien, keine Ausgaben im Glauben an einen entfernten, aber sicheren Gewinn. Noch können die Ziele einer fortschrittlichen Zivilisation nicht durch eine Güter- und Gewinngemeinschaft erreicht werden. Wo immer dieses Experiment versucht wurde, ging es mit einem Rückgang der industriellen Energie und Kapazität einher; und wo es kein absolutes Versagen gab, gab es Apathie, Dummheit und einen Rückgang der Intelligenz. Kurz gesagt, es gibt in den körperlichen und geistigen Kräften des Menschen eine gewisse *vis inertiæ* , die nur durch den Anreiz des persönlichen Interesses an den Ergebnissen von Fleiß, Einfallsreichtum und Klugheit wirksam geweckt werden kann.

Das Eigentumsrecht impliziert **das Recht des Eigentümers, zu Lebzeiten** seinen Besitz so zu besitzen, zu genießen oder darüber zu verfügen, wie es ihm gefällt. Aber sein Besitz endet zwangsläufig mit dem Tod; und was ihm gehörte, wird **rechtmäßig zum Eigentum der Öffentlichkeit** . Dennoch wurde es in allen zivilisierten Ländern als angemessen erachtet, dass der Eigentümer – mit gewissen Einschränkungen – die Freiheit haben sollte, die Verfügung über sein Eigentum nach seinem Tod zu bestimmen, und auch das, sofern er nicht durch sein Testament (und in einigen Ländern durch sein Testament) entfremdet wird Ungeachtet dessen sollte sein Eigentum an seine Familie oder seine nächsten Verwandten übergehen. Man geht davon aus, dass es die Industrie entmutigen und Unternehmen schwächen würde, wenn ihre Einkünfte nach dem Tod des Eigentümers als öffentliches Eigentum behandelt würden; und dass auf der anderen Seite die Menschen am sichersten zu Fleiß und Sparsamkeit erzogen und darin bewahrt werden, entweder durch die Macht, die Verfügung über ihr Eigentum nach dem Tod zu steuern, oder durch die Gewissheit, dass sie dadurch denen, die sie besitzen, Nutzen bringen können in allerliebster Hochachtung. Gesetze, die sich auf Testamente und die Nachlassfolge beziehen, stellen daher keine Beschränkungen der Rechte des Privateigentums dar, sondern ein Verzeichnis darüber, wie man über solches Eigentum, das von Zeit zu Zeit der Öffentlichkeit zufällt, am besten verfügen kann.

Das Gesetz schränkt das Eigentumsrecht ein , indem es Teile davon für öffentliche Zwecke aneignet, die für die Aufrechterhaltung, Zweckmäßigkeit und das Wohlergehen des Staatskörpers erforderlich sind. Dies geschieht in erster Linie durch die Besteuerung, die – um gerecht zu sein – in ihrer Bemessungsart gerecht und nicht übermäßig hoch sein muss. Was die Bewertungsmethoden angeht, ist es offensichtlich, dass ein System die Belastung der Reichen verringert und somit die Armen stärker belastet (was der Fall wäre, wenn die Einnahmen für die lebensnotwendigen Güter erhöht würden, während der Luxus übrig bliebe). kostenlos), kann nicht gerechtfertigt werden. Andererseits kann man behaupten, dass der Steuersatz durchaus mit der Höhe des Eigentums steigen könnte; Denn ein sehr großer Teil der Regierungsmaschinerie dient dem Schutz des Eigentums, und je mehr Eigentum ein Einzelner hat, desto weniger ist er in der Lage, seine verschiedenen Interessen durch eigene persönliche Fürsorge zu schützen, und desto mehr ist er darauf angewiesen gut durchdachte und gewissenhaft ausgeführte Gesetze. Eine überhöhte Besteuerung ist lediglich legalisierter Diebstahl. Pfründe, überzählige Ämter, unnötige und kostspielige Formalitäten bei der Abwicklung öffentlicher Geschäfte, Reisen und Feste auf öffentliche Kosten, Gebäude, die eher der Zurschaustellung als der Nutzung dienen, wurden in den kommunalen, staatlichen und nationalen Verwaltungen so lange toleriert, dass sie mag untrennbar mit unserem Regierungssystem verbunden sein; aber sie implizieren grobe Unehrlichkeit seitens einer großen Zahl unserer Staatsbediensteten und eine schuldige Mittäterschaft vieler anderer. Im Rahmen eines Systems der direkten Besteuerung können die Veranlagungen gerechter erfolgen und ihre Ausgaben werden sorgfältiger überwacht als im Fall der indirekten Besteuerung; während die letztere Methode eher bei denjenigen Anklang findet, die ein öffentliches Amt innehaben oder anstreben, da sie eine größere Ausgabenfreiheit fördert und eine größere Zahl unnötiger Funktionäre auf öffentliche Kosten unterstützt.

Das Gesetz erlaubt auch **die Aneignung bestimmter Teile des Eigentums für öffentliche Zwecke** , beispielsweise für Straßen, Wege, Aquädukte und öffentliche Grundstücke, und sogar zur Unterstützung privater Unternehmen, an denen die Gemeinschaft ein wirtschaftliches Interesse hat, beispielsweise für Kanäle und Brücken , und Eisenbahnen. Das ist notwendig und daher richtig. Es liegt auf der Hand, dass, wenn dies nicht der Fall wäre, die wichtigsten Erleichterungen und Verbesserungen durch die Hartnäckigkeit oder Gier einzelner Personen verhindert oder mit unverhältnismäßigen Kosten belastet werden könnten. Die Bedingungen, unter denen eine solche Nutzung von Privateigentum gerechtfertigt ist, sind, dass die vorgeschlagene Verbesserung dem Gemeinwohl dient, dass eine angemessene Entschädigung für das genommene Eigentum gewährt wird und dass in beiden Punkten im Falle einer Meinungsverschiedenheit Die endgültige Berufung erfolgt bei einem unparteiischen Gericht oder Schiedsverfahren.

3. Das Recht auf guten Ruf. Jeder Mensch hat ein Recht auf den Ruf, den er verdient, und ist verpflichtet, dieses Recht bei jedem anderen Menschen zu respektieren. Diese Verpflichtung wird nicht nur durch die Erfindung einer Verleumdung verletzt, sondern auch durch deren Wiederholung, es sei denn, die Person, die sie wiederholt, weiß, dass sie wahr ist, und auch durch Schweigen und scheinbare Duldung einer beleidigenden Berichterstattung, wenn man dies weiß oder glaubt falsch sein. Aber hat ein Mann ein Recht auf einen besseren Ruf, als er verdient? Aus moralischer Sicht sicherlich nicht; Und wenn Menschen allgemein als das erkannt werden könnten, was sie sind, würden nur wenige nicht das werden, was sie scheinen möchten. Doch das Gesetz erkennt die Wahrheit einer Verleumdungsbeschuldigung als Rechtfertigung für den Verleumder nur dann an, wenn nachgewiesen werden kann, dass die Kenntnis der Wahrheit dem öffentlichen Nutzen dient. Für diese Haltung des Gesetzes gibt es gute Gründe, ohne Rücksicht auf vermeintliche Rechte des gerechtfertigten Beschuldigten. In vielen Fällen gibt es Raum für berechtigte Zweifel an bösen Berichten, die authentisch erscheinen, und in vielen weiteren Fällen können mildernde Umstände vorliegen, die, wenn auch fast nie, Teil des Berichts sind. Dann kann es auch passieren, dass der Familie und der Verwandtschaft der diffamierten Person durch wahre, aber nutzlose Berichte bei ihr Misskredit, Schande, Verärgerung und Schaden zugefügt wird, den sie nicht verdienen. Auch böse Berichte stören, selbst wenn sie wahr sind, den Frieden in der Gemeinschaft und führen oft zu gewalttätigen Vergeltungsmaßnahmen. Daher ist die mutwillige Verbreitung dieser Währungen, wenn sie für denjenigen, der sie in Umlauf bringt, ein Luxus ist, ein Luxus, der auf Kosten der Öffentlichkeit gehandhabt wird, und er sollte für alle Kosten haftbar gemacht werden. Schließlich und vor allem wird der Verleumder zu einem Ärgernis für die Gemeinschaft, nicht nur durch seine Berichte über tatsächliches oder eingebildetes Unrecht und Böses, sondern auch durch die Herabwürdigung seines eigenen Charakters, der kaum über dem Niveau seines gesellschaftlichen Verkehrs bleiben kann.

Nach dem Gesetz unterliegen Verleumdung und Verleumdung zu Recht sowohl einer **strafrechtlichen Verfolgung** als Straftat gegen die Öffentlichkeit als auch einer zivilrechtlichen Schadensersatzklage, mit der offensichtlichen Begründung, dass die Verletzung des Charakters eines Mannes dazu neigt, seinen Erfolg in der Sache zu **beeinträchtigen** Geschäft, sein finanzieller Kredit und sein komfortabler Genuss seines Eigentums.

Kapitel VII.

Motiv, Leidenschaft und Gewohnheit.

Die Begierden, Wünsche und Zuneigungen sind, wie gesagt, die **unmittelbaren Motive** des Handelns. Die Wahrnehmung von Zweckmäßigkeit und das Gefühl für richtiges Handeln, nicht unabhängig von diesen Motiven, sondern auf ihnen und durch sie, wobei einige motiviert und andere angeregt werden. Auf diese Weise zügeln beide die Begierden der ersteren, soweit es die Klugheit erfordert; Letzteres in Unterwürfigkeit gegenüber den edleren Charakterelementen. Ersteres lenkt die Wünsche auf würdige, aber irdische Objekte; Letzteres wirkt am wirksamsten durch die wohlwollende Zuneigung, die gegenüber Gott und den Menschen ausgeübt wird.

Äußere Motive sind sekundärer Natur und wirken nicht direkt auf den Willen ein, sondern beeinflussen ihn indirekt, durch die Triebfedern der Handlung oder durch die Prinzipien, die sie leiten und beherrschen.

Die Wirkung äußerer Motive erfolgt auf drei verschiedene Arten. 1. Wenn sie mit einem vorherrschenden Appetit, Wunsch oder einer vorherrschenden Zuneigung im Einklang sind, verstärken sie diese sofort und veranlassen Handlungen, durch die sie befriedigt werden können. So steigert beispielsweise ein üppig gedeckter Tisch den Appetit des Genießers und lädt ihn zum freien Genuss ein. Die Gelegenheit einer möglicherweise lukrativen, wenn auch riskanten Investition erregt die Gier des Mannes, der Geld über alles andere schätzt, und verleitet ihn, das zweifelhafte Risiko einzugehen. Die Anwesenheit des Objekts der Liebe oder des Hasses stärkt die Zuneigung und löst freundliche oder böswillige Äußerungen oder Handlungen aus. 2. Ein äußerer Beweggrund, der der vorherrschenden Triebfeder des Handelns entgegensteht, bringt diese Triebfeder oft zu kräftiger und entschlossener Aktivität und macht sie von da an stärker und zwingender. Daher kommt es nicht selten vor, dass Vorwürfe, Hindernisse und dazwischenliegende Schwierigkeiten die sinnliche Leidenschaft noch rasender machen; während die Versuchung durch die Widerstandshandlungen, die sie hervorruft, die Tugend nährt, die sie angreift. 3. Ein äußeres Motiv kann ausreichend Nachdruck und Kraft haben, um einen Appetit, ein Verlangen oder eine Zuneigung, die zuvor schlummerten oder schwach waren, in eine energische Aktion zu verwandeln, um so die Aktivität derjenigen zu unterdrücken, die zuvor die Herrschaft hatten, und so eine grundlegende Veränderung herbeizuführen der Charakter. Auf diese Weise kann die plötzliche Präsentation von Lastern in attraktiven Formen Leidenschaften, die zuvor keine Anzeichen von Beherrschung gezeigt hatten, einen überragenden Einfluss verleihen; und in ähnlicher Weise kann ein Signalerlebnis von Gefahr, Unglück, Erlösung oder unerwarteter Freude die religiösen Neigungen hervorrufen und ihnen eine dauerhafte Vorherrschaft über eine Seele verleihen, die zuvor Appetit, minderwertigen Wünschen oder gemeineren Lieben ergeben war.

Eine unzulässige Beeinflussung der Charakterbildung oder -veränderung **wird oft auf äußere Motive zurückgeführt.** Sie sind oft eher die Folge als die Ursache des Charakters. Männer üben im Allgemeinen mehr Macht über ihre Umgebung aus als ihre Umgebung über sie. Ein sehr großer Teil der Umstände, die einen entscheidenden Einfluss auf uns zu haben scheinen, sind unsere eigene Wahl, und wir hätten – wenn wir gewollt hätten – das Gegenteil gewählt. Ein tugendhafter Mensch hält es selten für nötig, eine bösartige Atmosphäre einzuatmen. Die Bereitschaft, sich in Versuchung führen zu lassen, ist üblicherweise die Voraussetzung dafür, dass jemand in Versuchung geführt wird. Mitgefühl, Vorbild und gesellschaftliche Einflüsse stehen in ihrer Macht, sei es im Guten oder im Bösen, hinter keiner anderen Klasse äußerer Motive; und es gibt wenige, die ihre eigene Gesellschaft nicht wählen können und die sie nicht im Einklang mit ihren Wahlverwandtschaften wählen. Es ist tatsächlich wahr, dass die Wahl von Gefährten mit zweifelhafter Tugend oft das erste äußere Zeichen bösartiger Neigungen ist; während ein beharrliches Festhalten an der Gesellschaft der Würdigsten nicht selten einer sehr auffälligen Entwicklung persönlicher Exzellenz vorausgeht; aber in beiden Fällen zeigt die Wahl der Freunde die vorherrschenden Handlungsquellen und die Richtung an, in die sich die Figur zu entwickeln begonnen hat. So weit ist der Mensch davon entfernt, unter der unwiderstehlichen Kontrolle von Motiven von außen zu stehen, dass diese Motive zum großen Teil die Ergebnisse und Zeichen seines eigenen freiwilligen Handelns sind.

Das Christentum beansprucht zu Recht Vorrang, nicht nur als Quelle des Wissens über das Rechte, sondern auch als Vertreter der einflussreichsten und beständigsten Motive für richtiges Verhalten. Diese Motive finden wir in der liebenswerten und gewinnenden Manifestation der göttlichen Vaterschaft durch Jesus Christus; in seinem eigenen Opfer, seinem Tod und seiner unsterblichen Liebe zum Menschen; in der Zusicherung der Vergebung vergangener Fehler und Versäumnisse, ohne die es wenig Mut für künftiges Wohlergehen geben könnte; in der Verheißung göttlicher Hilfe bei jedem richtigen Zweck und jedem würdigen Unterfangen; in der Gewissheit einer gerechten Vergeltung im kommenden Leben; und in Institutionen und Bräuchen, die entworfen und angepasst wurden, um die Erinnerung an die wichtigsten Tatsachen aufrechtzuerhalten und in regelmäßigen Abständen die Anerkennung der wesentlichen Wahrheiten zu **erneuern , die der Religion ihren Namen und Charakter geben.** Die

Wünsche und Zuneigungen, die durch diese Motive angeregt und gelenkt werden, können nicht zum Bösen verkehrt werden, während Wünsche mit niedrigeren Zielen und Zuneigungen zu minderwertigen Objekten immer dazu neigen, auf diese Weise pervertiert zu werden. Auch diese religiösen Motive, die auf dem Unendlichen und Ewigen beruhen, sind von unerschöpflicher Kraft; Wenn sie überhaupt gefühlt werden, müssen sie zwangsläufig stärker gefühlt werden als alle anderen Motive; und sie müssen jedem Stress der Not, Versuchung oder Prüfung gewachsen sein.

* * * * *

Leidenschaft impliziert einen *passiven* Zustand – einen Zustand, in dem der Wille ohne Widerstand einem vorherrschenden Appetit, Verlangen oder einer vorherrschenden Zuneigung nachgibt, unter deren herrischer Herrschaft die Vernunft zum Schweigen gebracht, Zweckmäßigkeits- und Rechtserwägungen unterdrückt und äußere, entgegenwirkende Motive neutralisiert werden. Es ähnelt dem Wahnsinn in dem Maße, in dem die dadurch hervorgerufenen Handlungen das Ergebnis unvernünftiger Impulse sind, und in den unwirklichen und verzerrten Ansichten, die es von Personen, Objekten und Ereignissen vermittelt. Sie unterscheidet sich vom Wahnsinn vor allem dadurch, dass es sich um einen selbst herbeigeführten Wahnsinn handelt, für den der Leidende, wie bei der Trunkenheit, moralisch verantwortlich ist, und indem er, wie bei der Trunkenheit, nachgibt, indem er seinen Willen außer Kontrolle geraten lässt Vernunft macht sich sowohl rechtlich als auch moralisch für alle Verbrechen oder Untaten verantwortlich, die er in diesem Zustand der geistigen Entfremdung begeht.

Es gibt keinen Appetit, kein Verlangen oder keine Zuneigung, die nicht zur Leidenschaft werden könnte , und es gibt keine Leidenschaft, die nicht das Rechtsgefühl beeinträchtigt und die Erfüllung der Pflicht behindert. Die Begierden, die niederen Wünsche, die bösartigen Zuneigungen und, nicht selten, die Liebe, wenn sie zu Leidenschaften werden, haben ihre Probleme in Laster und Verbrechen. Die edleren Wünsche und Zuneigungen führen, wenn sie zu Leidenschaften gemacht werden, zwar nicht zu positivem Übel, können aber kaum umhin, die angemessene Ordnung des Lebens zu stören und zur Vernachlässigung einiger seiner wesentlichen Pflichten zu führen. Daher kann die Leidenschaft für Wissen dazu führen, dass jemand seinen sozialen und religiösen Verpflichtungen gegenüber gleichgültig bleibt. Wenn Philanthropie eine Leidenschaft ist, vernachlässigt sie nähere Pflichten gegenüber entfernteren und vernachlässigt in ihrem Eifer für weltumfassende Wohltätigkeit sehr gerne Selbstdisziplin und Selbstkultur. Sogar die religiösen Neigungen, wenn sie den Charakter von Leidenschaften annehmen, entfachen sich entweder einerseits zu wildem Fanatismus oder verfallen andererseits in einen selbstsüchtigen Quietismus, der im Luxus andächtiger Kontemplation äußere Pflichten vergisst ; und obwohl das eine oder das andere der Gleichgültigkeit maßlos vorzuziehen ist, sind sie doch beide der Frömmigkeit, die gleichermaßen inbrünstig und vernünftig ist, unermesslich unterlegen, die weder den Menschen für Gott noch Gott für den Menschen vernachlässigt und die alle menschlichen und irdischen Beziehungen im Auge behält , Fitness und Pflichten, während es gleichzeitig seinen Glauben, seine Hoffnung und seine gewohnheitsmäßige Gemeinschaft im höheren Leben beibehält.

* * * * *

Zur Gewohnheit gehört auch die Aufhebung von Vernunft und Motiv bei der Ausführung individueller Handlungen; Aber sie unterscheidet sich von der Leidenschaft dadurch, dass ihre Handlungen ursprünglich durch Vernunft und Motiv motiviert waren. In der Tat lässt sich plausibel behaupten, dass in jeder gewohnheitsmäßigen Handlung eine virtuelle Erinnerung – eine Erinnerung, die zu flüchtig ist, als dass sie selbst erinnert werden könnte – an die Argumentation oder das Motiv vorhanden ist, die den ersten Akt der Serie ausgelöst haben. In einigen Fällen wird die gewohnheitsmäßige Handlung, wie es heißt, unbewusst ausgeführt, sicherlich mit einem Bewusstsein, das so flüchtig ist, dass es keine Spur von sich selbst hinterlässt. In anderen Fällen erfolgt die Handlung bewusst, aber aus gefühlter Notwendigkeit heraus, infolge eines unruhigen Gefühls – analog zu Hunger und Durst – das nur auf diese Weise gelindert werden kann. Unter diese letzte Rubrik können wir in erster Linie Gewohnheiten kriminellen Genusses einordnen, einschließlich des Genusses krankhafter und verdorbener Esslust; zweitens viele dieser moralisch gleichgültigen Gewohnheiten, die einen großen Teil eines regelmäßigen und systematischen Lebens ausmachen; und drittens die Gewohnheiten tugendhaften Verhaltens, des Fleißes, der Pünktlichkeit und der Nächstenliebe.

Gewohnheit spielt eine äußerst bedeutsame Rolle bei der Bildung und Entwicklung des Charakters , sei es im Bösen oder im Guten. In der einfachen und schnellen Gewohnheitsbildung liegt die unmittelbare Gefahr einzelner Akte bösartiger Nachsicht. Der erste Akt wird mit der Absicht vollzogen, dass er der letzte seiner Art sein soll. Aber von allen Beispielen ist das eigene dasjenige, dem er am ehesten folgt, und von allen schlechten

Beispielen ist das eigene das gefährlichste. Sobald der Präzedenzfall etabliert ist, besteht die stärkste Versuchung, ihn zu wiederholen, immer noch mit der bewussten Kraft der Selbstbeherrschung und mit der Entschlossenheit, das Ausmaß zu begrenzen und den Kurs der Nachsichtigkeit zu stoppen, um der ultimativen Schande und dem Ruin zu entgehen wozu es tendiert. Doch bevor die vorgegebene Grenze erreicht ist, ist der Genuss zur Gewohnheit geworden; seine Aufhängung ist schmerzhaft; sein Fortbestehen oder seine Erneuerung scheint für ein angenehmes Leben unerlässlich zu sein; Und selbst in jenen letzten Stadien, in denen die eigentliche Lust in ein Sättigungsgefühl und dann in ein Elend übergegangen ist, droht ihr Unterbleiben noch größeres Elend, weil das Verlangen noch intensiver ist, wenn der Genuss aufgehört hat.

Die wohltuende Wirkung der Gewohnheit verdient nicht weniger nachdrückliche Beachtung. Ihre Funktion in der praktischen Moral ist analog zu der arbeitssparender Erfindungen in den verschiedenen Bereichen der Industrie. Eine Maschine, mit der zehn Männer die Arbeit erledigen können, die dreißig Menschen geleistet haben, entbindet die zwanzig Menschen von neuen Formen produktiver Arbeit und steigert so die Produkte der Industrie und den Komfort der Gemeinschaft. Eine gute Angewohnheit ist ein arbeitssparendes Instrument. Die Kultivierung einer bestimmten Tugend in einem solchen Ausmaß, dass sie zu einem untrennbaren und dauerhaften Element des Charakters wird, erfordert von Anfang an Wachsamkeit, Selbstdisziplin und, nicht selten, große Anstrengung. Aber wenn die Ausübung dieser Tugend zur Gewohnheit geworden und daher natürlich, leicht und wesentlich für das bewusste Wohlbefinden eines Menschen geworden ist, hört sie auf, die Energien zu beanspruchen; es erfordert keine ständige Wachsamkeit mehr; Seine Anlässe werden spontan durch entsprechende Dispositionen und Handlungen erfüllt. Die Kräfte, die in seiner Kultur eingesetzt wurden, werden so für den Erwerb weiterer Tugenden und die Bildung anderer guter Gewohnheiten freigesetzt. Hierin liegt das Geheimnis fortschreitender Güte, einer immer näheren Annäherung an einen vollkommenen Charakterstandard. Die Urtugenden werden zunächst zu Gewohnheiten des unaufhörlichen Bewusstseins und des täglichen Lebens, und die dafür nicht mehr benötigte moralische Kraft wird dann zur Kultivierung der feineren Merkmale überlegener Vortrefflichkeit eingesetzt – der Gestaltung der zarten Linien, Rundungen, und Proportionen, die „die Schönheit der Heiligkeit" ausmachen, die Symmetrie und Anmut des Charakters, die nicht nur großen Respekt und Vertrauen, sondern auch allgemeine Bewunderung und Liebe gewinnen.

Was über Gewohnheit gesagt wurde, gilt nicht nur für äußere Handlungen, sondern ebenso für gewohnte Richtungen und

Strömungen des Denkens, Studierens, Nachdenkens und Träumens.
Vor allem durch aufeinanderfolgende Stufen der Gewohnheit wächst die
Fähigkeit des Geistes zur Anwendung, Forschung und Erfindung. Auf diese
Weise wird der Geist der Hingabe zu einer immer klareren Erkenntnis der
heiligen Wahrheit und zu einer innigeren Liebe und Frömmigkeit geschult.
Dadurch verlieren Geister mit guten natürlichen Fähigkeiten ihre
Auffassungsgabe und ihre Arbeitskraft; und so findet zweifellos auch
moralische Korruption oft statt, bevor die in uns gehegten bösen Wünsche
die Gelegenheit finden, sich in einem verdorbenen Leben zu verwirklichen.

Kapitel VIII.

Tugenden und die Tugenden.

Der Begriff „Tugend" wird in verschiedenen Bedeutungen verwendet, die, obwohl sie ein weites Spektrum abdecken, dennoch sehr eng miteinander und mit der ursprünglichen Konzeption verbunden sind, in der sie alle geboren wurden. Seine ursprüngliche Bedeutung ist, wie seine Struktur [6] zeigt, *Männlichkeit*. Was nun nicht so sehr die menschliche Rasse von den niederen Tieren, sondern vielmehr den ausgewachsenen und starken Menschen von den schwächeren Mitgliedern seiner eigenen Rasse unterscheidet, ist die Fähigkeit zu entschlossenem, energischem und ausdauerndem Konflikt und Widerstand. Es ist die Aufgabe eines Mannes, der diesen Namen verdient, seine eigene Position zu behaupten, sich gegen alle Eindringlinge zu behaupten, gegenüber allen feindlichen Kräften standhaft zu bleiben und den Tod der Eroberung vorzuziehen. All dies ist in der griechischen und römischen Vorstellung von Tugend enthalten und im lateinischen Wort *virtus enthalten*, wenn es in Bezug auf militärische Transaktionen verwendet wird, so dass seine früheste Bedeutung einfach war: *militärisches Können*. Aber mit dem Wachstum der ethischen Philosophie und insbesondere mit der Kultivierung strengerer und härterer Züge moralischer Exzellenz durch die Stoiker erkannten die Menschen, dass ihnen ein gefährlicheres Schlachtfeld, ein schwererer Konflikt und ein ruhmreicherer Sieg bevorstanden, als in bloßer physischer Kriegsführung, — dass es eine höhere Art von Männlichkeit in der Selbstüberwindung, im Widerstand und der Unterdrückung von Appetit und Leidenschaft, in der Aufrechterhaltung von Integrität und Reinheit unter intensiver Versuchung und inmitten bösartiger Umgebungen gab, als in der stolzesten Errungenschaften militärischer Tapferkeit. Tugend bedeutete also nicht die moralische Güte an sich, sondern die militante und siegreiche Güte. [7]

Aber **Wörter, die eine komplexe Bedeutung haben, neigen immer dazu, einen Teil ihrer Bedeutung zu verlieren**; und insbesondere Wörter, die einen Zustand oder eine Eigenschaft zusammen mit der Art und Weise ihres Wachstums oder ihrer Manifestation bezeichnen, neigen dazu, letztere fallen zu lassen, selbst wenn sie ihnen möglicherweise Wurzel und Form gegeben haben. Daher wird der Begriff „*Tugend*" oft verwendet, um die Qualitäten zu bezeichnen, die die menschliche Exzellenz ausmachen, ohne direkten Bezug zum Konflikt mit dem Bösen, woher er seinen Namen hat und in denen diese Qualitäten ihr sicherstes Wachstum und ihre auffälligste Manifestation erfahren. Allerdings gibt es in unserer Verwendung des Begriffs immer noch einen stillschweigenden Hinweis auf Versuchung und

Konflikt. Obwohl wir es verwenden, um Güte zu bezeichnen, die keiner sehr strengen Prüfung standgehalten hat, verwenden wir es nur dort, wo eine solche Prüfung als möglich angesehen werden kann. Obwohl wir einen Mann als tugendhaft bezeichnen, der vor allen korrupten Beispielen und Einflüssen geschützt wurde und keinen Anreiz hatte, etwas anderes als gut zu sein, wenden wir diesen Beinamen nicht auf das kleine Kind an, das auf keinen Fall einer Versuchung ausgesetzt gewesen sein kann. Noch würden wir es nicht auf die vollkommene Reinheit und Heiligkeit des Höchsten Wesens anwenden, das „nicht zum Bösen versucht werden kann".

Tugend bezeichnet dann in seinem heute gebräuchlicheren Sinne das **Verhalten im Einklang mit dem Recht** oder der Eignung der Dinge seitens dessen, der die Macht hat, etwas anderes zu tun. Aber in diesem Sinne gibt es, wenn überhaupt, nur wenige vollkommen tugendhafte Männer. Es gibt vielleicht niemanden, der für alles, was das Recht erfordert, gleichermaßen sensibel ist, und oft sind es die Mängel eines Charakters, die ihm den Ruf herausragender Exzellenz in einer bestimmten Form der Tugend, der Wachsamkeit, Selbstdisziplin und Anstrengung verschaffen Das hätte den Charakter in einer ausgewogenen Mittelmäßigkeit aufrechterhalten können, da er so auf eine einzelne Pflichtabteilung konzentriert war, dass er große Bewunderung und großes Lob hervorrief. Es kann sein, dass es an Sensibilität für bestimmte Arten von Verpflichtungen mangelt, obwohl keine willentliche oder bewusste Verletzung des Rechts vorliegt, und in solchen Fällen muss der Charakter als tugendhaft angesehen werden. Aber wenn eine Person in irgendeinem Bereich ihrer Pflicht ihr Rechtsgefühl bewusst verleugnet, obwohl sie sich in jeder anderen Hinsicht an das Recht hält, kann sie nicht als tugendhaft angesehen werden, und es kann auch kein guter Grund dafür vorliegen, dass sie es nicht tut , mit ausreichendem Anreiz, genau die Verpflichtungen verletzen, die er jetzt treuesten achtet. Das ist es, was mit dem Ausspruch des heiligen Jakobus gemeint ist: „Wer das ganze Gesetz hält und dennoch in einem Punkt verstößt, ist an allem schuldig" – nicht, dass derjenige schuldig ist, der aus Unachtsamkeit oder plötzlicher Versuchung ein einziges Vergehen begeht also schuldig; Wer aber willentlich und vorsätzlich das Recht in Angelegenheiten verletzt, in denen er am stärksten zum Unrecht und Bösen verführt wird, zeigt eine Gleichgültigkeit gegenüber dem Recht, die ihn dazu verleiten wird, es nur so lange und soweit zu beachten, wie es ihm bequem und bequem erscheint einfach so zu machen.

Hier werden wir natürlich zu der Frage geführt, ob es einen wesentlichen **Zusammenhang zwischen Tugend und Frömmigkeit gibt** – zwischen der treuen Erfüllung der gemeinsamen Pflichten des Lebens und der liebevollen Loyalität gegenüber dem Höchsten Wesen. Zu diesem Thema gab es extreme Meinungen, Skeptiker und Ungläubige auf der einen Seite,

Christen mit einem Sauerteig des Antinomismus auf der anderen Seite, die die völlige Unabhängigkeit der Tugend von der Frömmigkeit aufrechterhielten; während Christen der entgegengesetzten Tendenz sie trotz zahlreicher gegenteiliger Beweise als untrennbar dargestellt haben. Bei näherer Betrachtung werden wir feststellen, dass sie trennbar und unabhängig sind und sich dennoch gegenseitig unterstützen. Tugend ist ein Verhalten im Einklang mit dem Recht, und wir haben gesehen, dass Recht und Unrecht als moralische Unterscheidung nicht von der göttlichen Natur, dem Willen oder Gesetz, [8] sondern von den inhärenten, notwendigen Bedingungen des Seins abhängen. Der Atheist kann ihnen nicht entkommen oder sie verleugnen. Was auch immer existiert – egal wie es entstanden ist – muss unbedingt seinen Platz, seine Affinitäten, Anpassungen und Verwendungszwecke haben. Ein intelligenter Bewohner der existierenden Dinge kann nicht anders, als etwas über ihre Eignung und Harmonie zu wissen, und soweit er auf sie einwirkt, kann er nicht umhin, die Verpflichtung zu verspüren, ihre Eignung zu erkennen und so ihre Harmonie zu schaffen oder wiederherzustellen. Sogar für den Atheisten ist Laster eine Verletzung der Fitness, die er kennt oder kennen könnte. Es widerspricht seinem gewissenhaften Urteil. Er hat diesbezüglich ein unvermeidliches Gefühl des Unrechts. Wir können uns daher vorstellen, dass ein Atheist streng tugendhaft ist, und zwar aus Prinzip. Obwohl es unter den alten Stoikern einige überaus gläubige Männer gab, gab es auch andere, Männer von unantastbarer Tugend, deren Theologie zu vage und dürftig war, um der Frömmigkeit einen Grund oder Nährboden zu bieten. Während wir daher in den gegenseitigen und reziproken Eigenschaften, die das Universum durchdringen, anschauliche Beweise für das Sein, die Einheit und die moralische Vollkommenheit des Schöpfers finden, sind wir gezwungen, die Möglichkeit anzuerkennen, dass diese Eigenschaften in der Lebensführung von diesen anerkannt werden die ihnen nicht bis zu den großen Wahrheiten der Theologie folgen, auf die sie hinweisen und führen.

Wo aber andererseits ein klares Wissen oder ein zweifelsfreier Glaube an das Wesen und die Vorsehung Gottes besteht, und insbesondere bei Personen, die das Christentum als Offenbarung der Wahrheit annehmen, ist die Frömmigkeit jedoch unabhängig Für die Tugend sind die Pflichten der Frömmigkeit ein wesentlicher Teil der Tugend. Wenn es Gott gibt, stehen wir in einer definierbaren Beziehung zu ihm, und diese Beziehungen werden durch das Christentum festgelegt. Diese Beziehungen haben ihre Eigenheiten, und wir sehen nicht, wie er ein durch und durch tugendhafter Mann sein kann, der diese Eigenheiten mit Verstand erkennt, sie aber im Verhalten nicht erkennt. Das Gewissen kann nur die Fähigkeiten wahrnehmen, die der einzelne Mensch kennt oder glaubt; aber es erfordert die Kenntnis aller Fitnessen, die er kennt oder glaubt. Tugend kann mit einem sehr geringen Maß an emotionaler Frömmigkeit einhergehen; Aber es kann bei jemandem, der an die Wahrheiten der Religion glaubt, nicht mit Gotteslästerung, Respektlosigkeit oder der bewussten Verletzung oder Vernachlässigung religiöser Verpflichtungen einhergehen. Wer seine Beziehungen zum Höchsten Wesen absichtlich verleugnet, braucht nur eine ausreichende Versuchung, um seine menschlichen Beziehungen und die Gegebenheiten seines täglichen Lebens zu verleugnen. Während darüber hinaus, wie wir gesagt haben, Tugend existieren kann, wo es nur wenig emotionale Frömmigkeit gibt, kann die Tugend kaum umhin, die Frömmigkeit zu schätzen. Loyalität im Verhalten vertieft die Loyalität im Geiste; Gehorsam nährt die Liebe; Wer treu den Willen Gottes tut, kann kaum umhin, gottesfürchtig und fromm zu werden; Und während Männer häufiger durch emotionale Frömmigkeit zur Tugend geführt werden, kann es keinen Zweifel geben, dass bei vielen der Prozess umgekehrt ist und Tugend zu emotionaler Frömmigkeit führt. Andererseits haben wir gesehen, dass die Religion die wirksamsten aller Motive für ein tugendhaftes Leben liefert – Motive, die einer Belastung durch Versuchung und Prüfung standhalten, die ausreicht, um alle minderwertigen Motive zu überwältigen und zu neutralisieren.

* * * * *

Tugend ist in ihrem Prinzip und Wesen eins und unteilbar, weist jedoch **in ihren äußeren Erscheinungsformen sehr unterschiedliche Aspekte auf** und bringt eine entsprechende Vielfalt spezifischer Charaktereigenschaften hervor. Obwohl also die intrinsische Eignung gleichermaßen die Verhaltensregel auf einer Vergnügungsparty und am Krankenbett eines Armen ist , wird das Verhalten des tugendhaften Mannes bei diesen beiden Gelegenheiten sehr unterschiedlich sein; Und nicht nur das, sondern mit dem gleichen Ziel der Treue zu dem, was angemessen und richtig ist, werden seine Dispositionen, Ziele und Bemühungen bei diesen beiden Gelegenheiten außer dem einen durchdringenden Zweck wenig oder gar nichts gemeinsam haben. Daher kann die Tugend in verschiedenen Formen verschiedene Namen annehmen und somit in einzelne *Tugenden* zerlegt werden . Es gibt viele oder wenige davon, je nachdem wir die Anlässe für tugendhaftes Verhalten in kleineren oder größeren Gruppen aufteilen oder die Gefühle und Stimmungen, aus denen es hervorgeht, mehr oder weniger genau analysieren.

Die ~~neun~~ **Kardinaltugenden** sind die *Scharniertugenden* , diejenigen, von denen der Charakter *abhängt* oder sich dreht, diejenigen, deren Besitz alle einen tugendhaften Charakter ausmachen würde, während das Fehlen einer von ihnen für einen Mann mit Recht den Beinamen tugendhaft einbüßen *würde* .

Es gibt andere, weniger hervorstechende und wesentliche Eigenschaften – kleinere Tugenden – deren Besitz zur Symmetrie, Schönheit und Effizienz des Charakters beiträgt, die einem aber möglicherweise fehlen und die es dennoch verdienen, als tugendhafter Mann angesehen zu werden. Daher ist Gerechtigkeit eine Kardinaltugend; Sanftmut, einer von geringerem Rang.

Wir schlagen vor, als **Einteilung der Tugenden** eine zu übernehmen, die vier Kardinaltugenden anerkennt, die vier Klassen entsprechen, unter denen alle Eignungen des Zustands des Menschen in dieser Welt und die daraus resultierenden Pflichten zusammengefasst werden können. [10] Es gibt Fähigkeiten und Pflichten, die erstens mit dem eigenen Wesen, der Natur, den Fähigkeiten und Bedürfnissen zusammenhängen; zweitens auf seine Beziehungen zu seinen Mitmenschen; drittens auf seine Disposition und sein Verhalten in Bezug auf äußere Objekte und Ereignisse, die außerhalb seiner Kontrolle liegen; und viertens auf seine Anordnung, Verfügung und Nutzung der von ihm kontrollierten Gegenstände. Es ist schwierig, Namen zu finden, die in ihrem allgemeinen Gebrauch den gesamten Inhalt jeder dieser vier Abteilungen umfassend umfassen; Dennoch sind sie alle in der weitesten Bedeutung der Begriffe Klugheit, Gerechtigkeit, Standhaftigkeit und Ordnung enthalten. So eingesetzt umfasst Klugheit oder Vorsehung alle Pflichten der Selbstverwaltung und Selbstkultur; Gerechtigkeit bezeichnet alles, was Gott und den Menschen zusteht, einschließlich Frömmigkeit und Wohlwollen; Stärke, die nur ein Synonym für Stärke ist, ist ein passender allgemeiner Name für jede Art und Weise, ob es sich um Trotz, Widerstand oder Ausdauer handelt, in der sich der Mensch seiner unvermeidlichen Umgebung überlegen zeigt; und Ordnung wird auf alle Themen ausgedehnt, in denen die Frage der Pflicht eine Frage von Zeit, Ort oder Maß ist.

Wir können uns kein richtiges Gefühl, keinen richtigen Zweck oder keine richtige Handlung vorstellen, die nicht unter einen dieser Begriffe fällt. Es ist auch offensichtlich, dass dies alles *Kardinaltugenden sind*, von denen keine einzige fehlen oder bei einem tugendhaften Menschen gänzlich mangelhaft sein könnte. Denn erstens: Wer die Pflichten zur Selbsterziehung vernachlässigt und sich dadurch nicht darüber im Klaren ist, was er wissen sollte, trägt die volle Last, Schuld und Strafe für das Unrecht, das er begehen mag Folge unnötiger Unwissenheit; zweitens kann derjenige, der in irgendeiner seiner Beziehungen zu Gott oder den Menschen vorsätzlich untreu ist, auf keinen Fall der Anerkennung würdig sein; Drittens kann es auch nicht derjenige sein, der der Sklave und nicht der Herr seiner Umgebung ist; während viertens die Eignungen von Zeit, Ort und Maß so wesentlich für das richtige Handeln sind, dass die Verletzung dieser Eignungen das, was sonst richtig war, zu Unrecht macht.

Darüber hinaus impliziert **jede dieser vier Tugenden** , wenn sie echt und hochentwickelt sind, **die Anwesenheit aller anderen** . 1. In der Frage, die in den Hebräischen Schriften gestellt wird: „Haben alle, die Übeltäter tun, keine Erkenntnis?" steckt eine Welt voller Weisheit. Bei allem Fehlverhalten liegt entweder Unwissenheit oder vorübergehende Halluzination oder Blindheit vor, und Unvorsichtigkeit ist nichts anderes als in die Tat umgesetzte Unwissenheit oder Täuschung. Hätten wir die bestimmte Tragweite und Konsequenzen unseres Handelns klar erkannt, bräuchten wir für jede Form der Tugend kein stärkeres Mittel zur Abschreckung von allem Bösen, keinen zwingenderen Beweggrund. 2. Es gibt keine denkbare Pflicht, die nicht der Gerechtigkeit unterworfen werden könnte, weder gegenüber Gott noch gegenüber den Menschen; Denn unsere Pflichten uns selbst gegenüber sind Gott schuldig, der sie angeordnet hat, und dem Menschen, dem wir umso mehr Nutzen bringen können, je eifriger wir in der Selbstverwaltung und Selbstvervollkommnung sind. 3. Unser Fehlverhalten jeglicher Art entsteht dadurch, dass wir äußeren Dingen nachgeben, anstatt uns über sie zu erheben; und wer wirklich über der Welt lebt, kann kaum umhin, alles Richtige und Gute in ihr zu tun. 4. Perfekte Ordnung – alles zur richtigen Zeit, am richtigen Ort und im richtigen Maß zu tun – würde das Vorhandensein aller Tugenden voraussetzen und ihre gesamte Arbeit einschließen.

Mit dieser Erklärung werden wir die Begriffe **„Klugheit "**, **„Gerechtigkeit"**, **„Stärke "** und **„Ordnung"** in den Überschriften der vier folgenden Kapitel verwenden und gleichzeitig die Freiheit in Anspruch nehmen, diese Wörter nach eigenem Ermessen im engeren Sinne zu verwenden sie tragen gewöhnlich.

Kapitel IX.

Klugheit; Oder Pflichten gegenüber sich selbst.

Kann es **Pflichten gegenüber sich selbst geben** , die absolut verpflichtend sind? Abgaben sind Abgaben, und sie implizieren zwei Parteien: einen, der sie schuldet, und einen, dem sie zustehen, nämlich den Schuldner und den Gläubiger. Der Gläubiger kann jedoch nach seinem Willen die Schuld erlassen und den Schuldner freilassen. Warum darf ich mich dann als Gläubiger nicht aus eigener Verantwortung als Schuldner befreien? Warum darf ich nicht nach eigenem Gutdünken müßig oder fleißig, zügellos oder enthaltsam, leichtsinnig oder ernst sein, solange ich keine Pflichten gegenüber anderen verletze? Warum sollte ich, wenn mir das Leben belastend erscheint, die Mühe des Lebens nicht loswerden? Die Antwort ist, dass ich jedem Objekt im Universum, mit dem ich in Beziehung gesetzt werde, seinen angemessenen Gebrauch schulde und dass kein Wesen im Universum, nicht einmal der Allmächtige, mich von dieser Verpflichtung befreien kann. Nun sind meine verschiedenen Kräfte und Fähigkeiten in Bezug auf meinen Willen Objekte, auf die meine Willenskraft einwirkt, und ich bin verpflichtet, ihre zweckmäßigen Zwecke zu wollen und mich davon zu enthalten, diese Zwecke zu vereiteln oder zu verletzen, und zwar aus demselben Grund, auf dem ich mich befinde Ich bin verpflichtet, die Eignung von Objekten zu beobachten und zu respektieren, die nicht Teil meiner Persönlichkeit sind. Darüber hinaus ist dieses irdische Leben in Bezug auf meinen Willen ein Gegenstand, auf den meine Willenskraft einwirken kann; Ich lerne – wenn nicht aus bloßer Vernunft, so doch aus der christlichen Offenbarung –, dass mein Leben seinen sinnvollen Zweck hat, sowohl in dieser Welt als auch in der Vorbereitung auf einen höheren Seinszustand, und dass diesem Zweck oft die schmerzlichsten Ereignisse am besten dienen Erfahrungen; und daher fühle ich mich dazu verpflichtet, mein Leben mit der größtmöglichen Sorgfalt zu behandeln, auch wenn es am wenigsten wert erscheint, sich darum zu kümmern.

Die **Pflichten, die einem selbst** zustehen, sind Selbsterhaltung, Wissenserwerb, Selbstbeherrschung und moralische Selbstkultur.

Abschnitt I.

Selbsterhaltung.

Der **Nutzen des Lebens** , sowohl für uns selbst als auch für andere durch uns, reicht, wie wir gesagt haben, aus, um seine Erhaltung zu einer Pflicht zu machen, die uns durch das Gesetz der Tauglichkeit auferlegt wird. Diese Pflicht wird nicht nur durch Selbstmord verletzt – es ist sinnlos, gegen ihn zu argumentieren, da seine Opfer in der modernen Christenheit selten bei klarem Verstand sind –, sondern ebenso durch unnötige und mutwillige Einwirkung von Gefahren. Eine solche Gefährdung entsteht häufig durch rücksichtslose Kraftanstrengungen oder Wagemut, führt manchmal zum unmittelbaren Tod und noch häufiger zu einer langsameren Selbstzerstörung durch Krankheit. Zweifellos gibt es Gelegenheiten, in denen die Selbsterhaltung einer höheren Pflicht weichen muss, und die Menschheit hat ohne die freiwillige Opferung vieler edler Leben keinen wichtigen Fortschritt gemacht; Aber weil es eine Pflicht sein kann, Leben für die Sache der Wahrheit oder der Freiheit zu geben, folgt daraus keineswegs, dass man das Recht hat, es zur Befriedigung der Eitelkeit, für eine dürftige Wette oder um den Ruhm eines Menschen zu erlangen, wegzuwerfen versierter Sportler.

Zur Selbsterhaltungspflicht gehört selbstverständlich auch **eine angemessene Fürsorge für die Gesundheit** , ohne die die Lebensnutzung wesentlich eingeschränkt und beeinträchtigt wird. Hier muss ein gerechter Mittelweg gesucht und eingehalten werden. Einerseits gibt es eine übermäßige Pflege des Körpers, die, wenn sie den Geist nicht schwächt, ihn von seiner wahren Arbeit ablenkt und die spirituelle Natur zu einem bloßen Sklaven des materiellen Organismus macht. Diese Fürsorge ist manchmal so übertrieben, dass sie ihren eigenen Zweck zunichte macht, indem sie eingebildete Krankheiten schafft und sie dann Wirklichkeit werden lässt; und die Zahl derer, die nur deshalb chronisch krank geworden sind, weil sie sich Mühe gegeben haben, dies nicht zu tun, ist keineswegs gering. Andererseits gibt es eine Nachlässigkeit in Bezug auf Kleidung und Ernährung, der die stärkste Konstitution schließlich nachgeben muss; und das intensive Bewusstsein von Stärke und Kraft, das einen dazu verleitet, sich für unverwundbar zu halten, ist nicht selten die Ursache für lebenslange Gebrechlichkeit und Behinderung. Von den Fällen länger andauernder und schwächender Krankheiten sind wahrscheinlich mehr die Folge vermeidbarer als unvermeidbarer Ursachen, und wenn wir dazu noch die zahlreichen Fälle hinzufügen, in denen das Versagen der Gesundheit auf erbliche Ursachen zurückzuführen ist, die hätten vermieden werden können, oder Aufgrund mangelhafter sanitärer Einrichtungen, die der Öffentlichkeit zur Last gelegt werden können, wird eine enorme Menge nutzbarer Lebenszeit unnötig für alle Zwecke des aktiven Nutzens verschwendet. während für die kostbaren Beispiele von Geduld, Resignation und fröhlichem Ausharren die Gebrechen und Leiden, die mit den günstigsten sanitären Bedingungen einhergehen, völlig ausreichend gewesen sein könnten.

Zweifellos gibt es so große Unterschiede in der Konstitution und im Temperament, dass **keine spezifischen Regeln der Selbsterhaltung aufgestellt werden können** ; und was Ernährung, Schlaf und Bewegung betrifft, kann die Gewohnheit dazu führen, dass die unterschiedlichsten Methoden und Zeiten gleichermaßen sicher und vorteilhaft sind. Aber gesunde Nahrung in mäßiger Menge, Schlaf, der lange genug für Ruhe und Erfrischung sorgt, Bewegung, die ausreicht, um den belastenden Einfluss sitzender Beschäftigungen zu neutralisieren, und all dies kann, wenn auch nicht mit sklavischer Gleichförmigkeit, aber doch mit einem guten Maß an Regelmäßigkeit, als wesentlich für a angesehen werden gesunder Arbeitszustand von Körper und Geist. Das Gleiche gilt für den uneingeschränkten Gebrauch von Wasser, das glücklicherweise zu einer Notwendigkeit der Hochkultur geworden ist, für reine Luft, deren Wert als Hygienemittel vom größten Teil unserer Gemeinschaft praktisch ignoriert wird, und für das direkte Licht des Himmels, deren Ausschluss aus den Wohnungen aus sparsamen Gründen ihre Besitzer verwelken und deprimieren lässt, obwohl dadurch Teppiche und Vorhänge verschont werden. Diese Themen werden in eine Abhandlung über Ethik eingefügt, weil alles, was sich auf die Gesundheit und damit auf die Fähigkeit zur persönlichen und menschlichen Nützlichkeit auswirkt und den gesamten Wert dieses irdischen Lebens ausmacht, von schwerwiegender moralischer Bedeutung ist. Wenn die Erhaltung des Lebens eine Pflicht ist, dann sind alle hygienischen Vorsichtsmaßnahmen und Maßnahmen Pflichten, und als solche sollten sie vom einzelnen moralischen Handelnden, von Eltern, Erziehungsberechtigten und Lehrern sowie von der Öffentlichkeit als Ganzes behandelt werden.

Die Selbsterhaltung ist durch Armut gefährdet. Wenn es an den Mitteln zum Lebensunterhalt mangelt oder sie unsicher sind, kann die Gesundheit des Körpers leiden; Und selbst dort, wo kein absoluter Mangel herrscht, sondern ein Zustand, in dem die Gegenwart angespannt ist und Zweifel an der Zukunft bestehen, verliert der Geist viel von seiner Arbeitskraft und das Leben wird eines großen Teils seines Nutzens beraubt. Daher die Pflicht zu Fleiß und Sparsamkeit auf Seiten derjenigen, die auf ihre eigenen Anstrengungen angewiesen sind. Es ist nicht die Pflicht eines Menschen, reich zu sein, obwohl derjenige, der beim Erwerb von Reichtum die ihm gebührenden Pflichten und Verantwortlichkeiten auf sich nimmt, ein öffentlicher Wohltäter ist; aber es ist die Pflicht eines jeden Menschen, die Armut zu meiden, wenn er kann, und wer sich durch eigene Trägheit, Sparlosigkeit oder Verschwendung arm macht oder erhält, begeht eine Sünde an seinem eigenen Leben, das er hinsichtlich seiner Fähigkeit zum Guten einschränkt. und gegen die Gesellschaft, die ein wohltuendes Interesse am voll entwickelten Leben aller ihrer Mitglieder hat.

Abschnitt II.

Das Erlangen von Wissen.

Da jedem Willensakt unbedingt Wissen vorausgehen muss, ob real oder vermeintlich, und da die Anpassung unserer Handlungen an unsere Zwecke von der Genauigkeit unseres Wissens abhängt, **ist es von Natur aus angemessen , dass unsere kognitiven Fähigkeiten gründlich entwickelt und trainiert werden. und fleißig beschäftigt.** Dies ist insbesondere deshalb angebracht, weil wir – wie bereits gezeigt wurde – unser Verhalten allein durch Wissen mit dem absoluten Recht in Einklang bringen können und es im Bereich unseres möglichen Wissens nichts gibt, was nicht irgendwie in Einklang gebracht werden könnte mit unserer Handlungsfähigkeit als moralische Wesen verbunden.

Es ist von größter Bedeutung, dass wir das, was wir zu wissen scheinen, genau wissen; Und da wir durch die Sinne unser Wissen nicht nur über die äußeren Objekte erlangen, mit denen wir täglich vertraut sind, sondern auch über andere Geister als unseren eigenen, ist **die Schulung der Sinne** eine offensichtliche Pflicht. Es gibt wenige so ergiebige Quellen für soziales Übel, Ungerechtigkeit und Elend wie die Unwahrheit von Personen, die die Wahrheit sagen wollen, aber nur teilweise sehen oder hören und die Wahrnehmungsmängel durch die Vorstellungskraft ausgleichen. Beim Erwerb von Wissen von höchstem Interesse und größter Bedeutung ist dieses Hindernis eines der häufigsten Hindernisse. Das sorglose Auge und das rücksichtslose Ohr verschwenden für viele Geister einen großen Teil der Zeit, die sie angeblich ernsthaften Beschäftigungen widmen, und machen ihr Wachstum im Vergleich zu ihren Kulturmitteln erbärmlich langsam und dürftig. Die Sinne können, besonders im frühen Leben, auf Wachsamkeit und Präzision trainiert werden, damit sie dem Geist wahre und vollständige Berichte über das, was sie sehen und hören, übermitteln; und nur durch eine solche Schulung können die Wahrnehmungsfähigkeiten die gesamte Aufgabe erfüllen, für die sie konzipiert und geeignet sind.

Es gibt auch innere Sinne, **ängstliche Kräfte des Geistes** , die gleichermaßen nach Bildung verlangen und deren Präzision und Kraft auf sorgfältige Erziehung und sorgfältigen Gebrauch angewiesen sind. Bloße Beobachtung, Erfahrung oder Studium können kein Wissen vermitteln, das von Nutzen sein wird. Man verfügt möglicherweise über ein umfangreiches und vielfältig ausgestattetes Gedächtnis und ist dennoch nicht in der Lage, dessen Inhalte zu seinem eigenen Vorteil oder zum Nutzen anderer zu nutzen. Tatsächlich gibt es Geister, die durch Überlastung gelähmt sind – weil sie Fracht schneller aufnehmen, als sie Platz dafür haben. Nur Stoffe, die sich der Geist zu eigen gemacht und in seine Substanz eingearbeitet hat, kann er voll verwerten. Der Verstand, die Vernunft und das Urteil müssen auf das Wissen einwirken, bevor es in Weisheit umgewandelt und entweder zum Erwerb neuer Wahrheiten oder zur Lebensführung eingesetzt werden kann. Geistige Aktivität ist also eine Pflicht; Denn wenn wir durch die Gleichheit der Vernunft verpflichtet sind, das Leben zu erhalten, sind wir verpflichtet, seine Qualität zu verbessern und seine Quantität zu erhöhen, und dies kann nicht erreicht werden, wenn die intellektuellen Kräfte nicht durch sorgfältige Übung gestärkt und durch Fakten und Wahrheiten genährt werden welche der Rohstoff der Weisheit sind.

Die geeigneten **Wissensobjekte** variieren je nach Lebenssituation auf unbestimmte Zeit. An sich triviale oder vergängliche Dinge können unter bestimmten Umständen unsere sorgfältige Aufmerksamkeit und gründliche Kenntnis erfordern. Wir sollten einerseits so viel wie möglich über Angelegenheiten wissen, über die wir sprechen oder handeln müssen, und andererseits davon Abstand nehmen, freiwillig über Angelegenheiten zu sprechen oder zu handeln, von denen wir keine Ahnung haben. Daher können es unsere sozialen Beziehungen und unser täglicher Verkehr sein, dass wir uns für den aktuellen Gebrauch eine große Menge an genauem Wissen aneignen müssen, das es nicht wert ist, dass wir es uns merken. Dann eröffnet der Beruf, das angegebene Geschäft oder die übliche Beschäftigung eines Menschen ein weites Wissensgebiet, mit dem und den damit verbundenen Gebieten seine offensichtliche Pflicht ist, sich so weit wie möglich mit seinen Fähigkeiten vertraut zu machen. denn die Echtheit und der Wert seiner Arbeit müssen in hohem Maße von seiner Intelligenz abhängen. Gleichzeitig ist jeder Mensch verpflichtet, seinen Beruf respektvoll zu gestalten; indem er dies versäumt, schadet und verletzt er die Mitglieder seines Berufsstandes kollektiv; und kein Beruf kann Respekt erlangen, wenn diejenigen, die ihm nachgehen, sich als unkultiviert und unwissend erweisen. Bisher sollte das Wissen also aus Gründen des praktischen Nutzens erweitert werden. Jenseits und oberhalb dieses Bereichs gibt es einen unbegrenzten Bereich der Wahrheit, deren Kenntnis für die höhere Geistes- und Charakterkultur von unschätzbarem Wert ist. In diesem Bereich, von dem im Laufe eines Erdenlebens nur ein verschwindend kleiner Teil erobert werden kann, gibt es keine unfruchtbare Region – es gibt keinen Bereich der Natur, der Psychologie oder der Sozialwissenschaft, durch den der Geist nicht erweitert und erhöht werden könnte , voller Energie, führte zu engeren Beziehungen mit dem Obersten Geheimdienst, ausgestattet mit zusätzlicher Macht wohltätiger Entscheidungsfreiheit. Während daher die Kenntnis der Dinge, wie sie sind, und der ihnen zugrunde liegenden Prinzipien und Gesetze, soweit wir sie erlangen können, nicht nur ein unbezahlbares Privileg, sondern eine absolute Pflicht ist, gibt es keine moralischen Erwägungen, die erforderlich wären unsere Wahl der Forschungs- oder Studienthemen lenken oder einschränken. Diese können durch angeborene oder erworbene Neigungen, durch Gelegenheiten oder durch Nützlichkeitsüberlegungen bestimmt werden. Wenn die Liebe zur Wahrheit entwickelt und gepflegt wird, kann es auch nicht von wesentlicher Bedeutung sein, ob dieser oder jener Teil der Wahrheit während der kurzen Zeit unseres Lebens in dieser Welt verfolgt oder vernachlässigt wird; Denn bestenfalls muss das, was wir unerreicht lassen, unsere Errungenschaften ins Unermessliche übertreffen, und es liegt eine Ewigkeit vor uns für das, was wir hier weglassen müssen. Gleichzeitig sind der unbegrenzte Umfang und die enorme Vielfalt der Dinge, die man wissen kann und die es wert sind, erkannt zu werden, dazu geeignet, die Selbstkultur anzuregen und im gleichen Maße dem menschlichen Leben eine höhere Würde, einen größeren inneren Wert und mehr zu verleihen anhaltenden Einfluss.

Abschnitt III.

Selbstkontrolle.

Ein Mann muss entweder selbst regiert sein oder einer schlechteren Regierung als seiner eigenen unterstehen. Gott regiert die Menschen nur, indem er sie lehrt und ihnen hilft, sich selbst zu regieren. Gute Menschen, wenn sie auch weise sind, streben nicht einmal danach, ihre Mitmenschen zu kontrollieren, selbst wenn sie das höchste Ziel verfolgen, sondern befähigen und ermutigen sie vielmehr, soweit sie können, die gebührende Selbstbeherrschung zu üben. Es sind nur unkluge oder schlechte Menschen, die die Herrschaft eines anderen Willens als ihres eigenen an sich reißen. Aber der individuelle Wille wird oft durch Leidenschaft ineffizient gemacht, als durch den direkten Einfluss anderer Geister. Der Mensch will in seinem Normalzustand entweder das Zweckmäßige oder das Richtige. Die Leidenschaft setzt in Bezug auf ihre Ziele jeglichen Bezug auf Zweckmäßigkeit und Recht außer Kraft, selbst wenn man die Tendenzen der Handlungen, zu denen sie führt, am klarsten kennt. So weiß der Sensualist oft, dass er sicheren und schnellen Selbstmord begeht, kann sich aber nicht auf dem Abgrund des sicheren Untergangs festhalten. Der Mann, bei dem der Geiz zur Leidenschaft geworden ist, ist sich der Annehmlichkeiten und Freuden, die er opfert, vollkommen bewusst, ist aber ebenso wenig in der Lage, sie sich zu verschaffen, als wäre er ein Armer. Wut und Rache zwingen

Männer nicht selten zu Verbrechen, von denen sie wissen, dass sie für sie selbst nicht weniger tödlich sein werden als für ihre Opfer. Wenn nun ein Mensch sich nicht der Herrschaft seines Gewissens unterwerfen und behalten will, geht es ihm zumindest darum, unter der Kontrolle der Vernunft zu bleiben, die ihn, wenn sie ihn nicht dazu zwingt, das Richtige zu tun, ihn innerhalb der Grenzen der Zweckmäßigkeit zurückhalten wird. und sichert ihm so einen guten Ruf, eine gerechte Stellung und einen sicheren Lebensweg, auch wenn es dabei um das höchste und dauerhafteste Wohl geht.

Die Selbstbeherrschung geht leicht verloren , und zwar oft unbewusst. Die erste Hingabe daran kann endgültig und lebenslang sein. Tatsächlich hat die Leidenschaft, die vorherrschen sollte, in vielen Fällen fast die Reife ihrer Macht erreicht, bevor es zu einer äußerlichen Verletzung des Zwecks oder des Rechts kam. Wo die zügelnden Einflüsse der Bildung und der Umgebung stark sind, wo wichtige Interessen auf dem Spiel stehen oder wo das Gewissen nicht gewöhnlich zum Schweigen gebracht oder manipuliert wurde, brütet der gefährliche Appetit, das Verlangen oder die Zuneigung lange im Gedanken und wird so weitgehend ausgelebt Träumerei und Vorfreude, dass es herrisch und despotisch wird, bevor es seine gewohnten Formen der äußeren Manifestation annimmt. Daher die plötzliche Verliebtheit und der schnelle Untergang, die wir manchmal erleben – die Fälle, in denen es nur einen einzigen Schritt zwischen Unschuld und tiefer Verderbtheit zu geben scheint. In Wahrheit gibt es viele Schritte; aber bis sie steil werden, bleiben sie dem menschlichen Blick verborgen.

Um wirksam zu sein, muss **Selbstbeherrschung auf die Gedanken und Gefühle ausgeübt werden** , insbesondere auf die Vorstellungskraft, die unsere ansonsten unbeschäftigten Stunden so weitgehend mit ihren Phantasmen und Tagträumen füllt. Lassen Sie diese Stunden so kurz wie möglich sein; und lassen Sie sie mit Gedanken erfüllt sein, die wir nicht zu äußern schämen würden, mit Plänen, die wir mit der Zustimmung aller guten Männer verwirklichen könnten. Das innere Leben, das Ausdruck und Offenlegung fürchten würde, gefährdet bereits das äußere Leben; denn die Leidenschaft, die so innerlich genährt und gefördert wird, kann kaum umhin, früher oder später die Kontrolle über das Verhalten und die Gestaltung des Charakters zu übernehmen. Mögen die Gedanken gut beherrscht werden und das Leben von Leidenschaften befreit sein und unter der Kontrolle von Vernunft und Prinzipien stehen.

Abschnitt IV.

Moralische Selbstkultur.

Es ist offensichtlich, dass, **was auch immer die Ziele eines Menschen sein mögen, die Verwirklichung dieser Ziele mehr von ihm selbst abhängt als von den Mitteln, die er einsetzen kann** . Wenn sein Ziel darin besteht, seinen Einfluss auszuweiten, haben seine Worte und Taten einfach die Kraft, die ihm sein Charakter verleiht. Wenn sein Ziel die Nützlichkeit ist, misst seine eigene Persönlichkeit zum Teil den Wert seiner Gaben und bestimmt vollständig den Wert seiner Dienste. Wenn sein Ziel Glück ist, ist seine Fähigkeit, Freude zu empfinden, umso größer, je mehr ein Mann er ist; Denn wie ein Hund mehr Freude am Leben hat als ein Zoophyt und ein Mensch mehr als ein Hund, so übertrifft der voll und symmetrisch entwickelte Mensch an Empfänglichkeit für Glück den, dessen Natur unvollkommen oder abnormal entwickelt ist. Durch die gründliche Ausbildung und die treue Ausübung seiner moralischen Fähigkeiten und Kräfte ist der Mensch nun am fähigsten, Einfluss zu nehmen, am besten für den Nutzen geeignet und mit der größten Fähigkeit zum Glück ausgestattet. Die Geschichte zeigt dies. Die Männer, deren Schicksal (wenn überhaupt eines außer unserem) wir gerne annehmen würden, waren ausnahmslos gute Männer. Wenn es in unseren jeweiligen Kreisen diejenigen gibt, deren Stellung wir in jeder Hinsicht beneidenswert finden, dann sind es Männer von herausragender moralischer Exzellenz. Wir würden nicht – könnten wir es haben – die wünschenswerteste äußere Position mit beschädigtem Charakter einnehmen. Wahrscheinlich gibt es nur wenige, die einen tugendhaften Charakter nicht für so erstrebenswert halten, dass sie, wenn sie der Versuchung nachgeben und unter das Joch bösartiger Gewohnheiten fallen, immer noch beabsichtigen, sich zu bessern und zu dem zu werden, was sie bewundern. Alte Männer, die ein verschwenderisches Leben geführt haben, tragen immer sichtbare Zeichen dafür, dass sie alle wertvollen Ziele des Lebens verloren haben, geben oft zu, dass ihre gesamte Vergangenheit ein Fehler war, und legen nicht selten treue Zeugnisse für den transzendenten Wert moralischer Güte ab. Ohne dies zufrieden zu bleiben, ist daher eine Sünde gegen die eigene Natur, ein Opfer des Wohlbefindens und des Glücks, zu dem niemand das Recht hat und das kein umsichtiger Mensch bringen wird.

Selbstkultur in Tugend impliziert und erfordert Reflexion über die Pflicht und die Beweggründe zur Pflicht, über die eigene Natur, die eigenen Fähigkeiten und Verbindlichkeiten sowie über jene großen Gedankenthemen, die durch ihre Weite und Erhabenheit den Geist, mit dem man vertraut wird, erweitern und erheben ihnen. Die bloße Zungen- oder Handarbeit der Tugend lässt nach und verschlechtert sich, wenn sie nicht durch tiefes Denken und Fühlen getragen wird. Darüber hinaus ist es der Geist, der handelt, und er setzt in seine Tat alles ein, was er an moralischer und spiritueller Energie hat – und nicht mehr –, so dass dieselbe äußere Handlung mehr oder weniger bedeutet, im Verhältnis mehr oder weniger wert ist auf die Tiefe und Kraft des Gefühls und der Absicht, von der es ausgeht. Deshalb nährt die religiöse Hingabe die Tugend, und niemand ist für die Pflichten des irdischen Lebens so gut geeignet wie diejenigen, die durch gewohnheitsmäßige Meditation am besten mit dem himmlischen Leben vertraut sind.

In der moralischen Selbstkultur wird großer Nutzen aus dem Beispiel gezogen, sei es von den Lebenden oder den Toten. Vielleicht sind die Toten in dieser Hinsicht nützlicher als die Lebenden. Wenn man Zeuge der würdigen Taten und des wohltätigen Wirkens einer Person von überragender Qualität wird, besteht die Tendenz zu einer überexakten Nachahmung spezifischer Handlungen und Methoden, die, gerade weil sie in seinem Fall spontan und angemessen sind, in diesem Fall nicht der Fall sein werden seines Kopisten; während die Biographie eines überaus guten Mannes unsere Sympathie für seinen Geist und nicht für die Einzelheiten seines Lebens weckt und uns dazu anregt, denselben Geist in sehr unterschiedlichen Formen von Pflicht und Nützlichkeit zu verkörpern. So wäre der Schulmeister, der zu Dr. Arnolds Lebzeiten von seinem beispiellosen Erfolg als Pädagoge hörte, versucht gewesen, nach Rugby zu gehen, das System vor Ort zu studieren und dann, soweit möglich, die Pläne selbst zu übernehmen die er dort in erfolgreicher Umsetzung sah – Pläne, die weder seinem Genie, den Traditionen seiner Schule noch den Anforderungen ihrer Gönner entsprochen hätten. Gleichzeitig waren das Innere der Rugby-Schule und die Grundsätze ihrer Verwaltung anderen Personen als den Lehrern nur sehr wenig bekannt. Aber Arnolds Biographie, die die Grundprinzipien seines Charakters und seiner Arbeit enthüllte, brachte ihm eine Schar von Nachahmern aller Klassen und Schichten hervor. Price, der seine riesige Kerzenfabrik in der Nähe von London in ein wahres christliches Seminar zur gegenseitigen Verbesserung von Wissen, Tugend und Frömmigkeit umwandelte, gab an, seinen Anstoß zu diesem Unternehmen ausschließlich dem „Leben Arnolds" zu verdanken, und ähnliche Beispiele häuften sich sehr unterschiedliche Berufe im gesamten englischsprachigen Raum. Kurz gesagt, das Beispiel ist für uns von Nutzen, nicht indem es uns auf die genauen Dinge hinweist, die getan werden müssen, sondern indem es die Schönheit, Lieblichkeit und Majestät moralischer Güte, die Möglichkeit erhöhter moralischer Errungenschaften und die vielfältigen Möglichkeiten ihrer Ausübung zeigt Menschenleben. Sogar er, dessen Beispiel wir als Christen mit einer Ehrfurcht genießen, die kein anderer teilt, soll nachgeahmt werden, nicht durch sklavisches Kopieren seiner spezifischen Taten, die, weil sie im ersten Jahrhundert in Judäa angemessen waren, größtenteils unpassend sind in Amerika im neunzehnten Jahrhundert, sondern indem er seinen Geist in sich aufnahm und ihn dann in den Formen des aktiven Dienstes und Dienstes verkörperte, die unserer Zeit und unserem Land angemessen sind.

Schließlich und offensichtlich ist **die Ausübung der Tugend** das wirksamste Mittel zur moralischen Selbstkultur. Je mehr der geäußerte oder geschriebene Gedanke unauslöschlich im Geist verankert wird, desto inniger und dauerhafter wird das in der Tat verkörperte Prinzip oder Gefühl zu einem Element des moralischen Selbstbewusstseins.

Kapitel X.

Gerechtigkeit; Oder Pflichten gegenüber seinen Mitmenschen.

Gerechtigkeit bezieht sich im allgemeinen Sprachgebrauch nur auf solche Rechte und Pflichten, die genau definiert, durch Gesetz festgelegt und durch rechtliche Autorität durchgesetzt werden können. Dennoch erkennen wir praktisch eine umfassendere Bedeutung des Wortes, wenn wir Gesetz und Gerechtigkeit einander gegenüberstellen, etwa wenn wir von einem *ungerechten Gesetz sprechen* . Mit diesem Satz implizieren wir, dass es eine höchste und universelle Gerechtigkeit gibt, deren Anforderungen das menschliche Recht nur eine teilweise und unvollständige Abschrift ist. Diese Gerechtigkeit muss alle Rechte und Pflichten aller Wesen umfassen, ob menschlich oder göttlich; und in diesem Sinne können wir alles, was ein Lebewesen im Universum von einem anderen Lebewesen zu Recht behaupten kann, als unter den Oberbegriff der Gerechtigkeit fallend betrachten. Dies ist, wie wir bereits angedeutet haben, der Sinn, in dem wir den Begriff in der Überschrift eines Kapitels verwendet haben, das Frömmigkeit und Wohlwollen ebenso umfasst wie Integrität und Wahrhaftigkeit.

Abschnitt I.

Pflichten gegenüber Gott.

Während wir unsere Zuneigungen nicht befehlen können, können wir **unsere Gedanken so lenken und lenken** , dass sie die Zuneigungen wecken, die wir hegen möchten; und wenn bestimmte Neigungen unvermeidlich aus bestimmten Gedankengängen oder Denkgewohnheiten resultieren müssen, können diese Neigungen praktisch als dem Willen unterworfen und, wenn richtig, als Pflichten angesehen werden. In diesem Sinne sind Dankbarkeit und Liebe gegenüber Gott Pflichten. Wir können die Zeichen seiner Liebe im äußeren Universum nicht betrachten, die unzähligen Objekte, die keinen anderen möglichen Nutzen haben, als genossen zu werden, die Güte seiner immerwährenden Vorsehung, die Gaben und Fähigkeiten unseres eigenen Wesens, die Unsterblichkeit unseres natürlichen

Strebens usw unseren christlichen Glauben und unsere christliche Hoffnung, die Vergebung und Erlösung, die uns durch Jesus Christus zuteil werden, und die unermesslichen Segnungen seiner Mission und seines Evangeliums, ohne inbrünstige Dankbarkeit gegenüber unserem unendlichen Wohltäter. Wir können ihn auch nicht als Archetyp und Quelle all jener Merkmale spiritueller Schönheit und Exzellenz betrachten, die im Menschen unsere Ehrfurcht, Bewunderung und Zuneigung hervorrufen, ohne in ihm vollkommene Güte, Reinheit und Barmherzigkeit zu lieben. Diese Eigenschaften könnten in unserer Vorstellung das Höchste Wesen in der Tat nicht als erkennbare Persönlichkeit darstellen, wenn das persönliche Element nicht so deutlich im sichtbaren Universum und in Gottes ständiger Vorsehung manifestiert wäre. Aber es gibt zahlreiche Objekte, Phänomene und Ereignisse in der Natur und in der Vorsehung, die sozusagen einen unverwechselbaren persönlichen Ausdruck haben, so dass die vertrauten Metaphern von Gottes Antlitz, Lächeln, Hand und Stimme nicht über die buchstäbliche Erfahrung dessen hinausgehen, der es tut geht mit stets offenem inneren Auge und offenem Ohr durchs Leben.

Die Allgegenwart Gottes macht es zum Gebot der natürlichen Frömmigkeit, ihn direkt in **Danksagung und Gebet anzusprechen** – nicht notwendigerweise in Worten, es sei denn, Worte sind für die Bestimmtheit von Gedanken wesentlich, sondern in solchen Worten oder Gedanken, die einen Ausdruck darstellen Ihm die Gefühle mitteilen, deren Gegenstand er angemessen ist. Was das Gebet angeht, könnten in der Tat die ernsthaften Zweifel, die manche an seiner Wirksamkeit hegen, als Grund angeführt werden, warum es nicht angeboten werden sollte; aber zu Unrecht. Es ist so natürlich und von Natur aus passend, von einem allgegenwärtigen, allmächtigen, allbarmherzigen Wesen, das uns gelehrt hat, ihn unseren Vater zu nennen, zu fragen, was wir uns wünschen und was wir brauchen, dass die bloße Angemessenheit der Frage an sich schon ein starker Grund dafür ist im Glauben, dass wir nicht umsonst bitten werden. Wir können auch nicht umsonst fragen, ob durch diese Verbindung des menschlichen Geistes mit dem Göttlichen ein Zufluss von Kraft oder Frieden in die betende Seele erfolgt, auch wenn die konkreten erbetenen Ziele nicht gewährt werden. Dass diese Objekte, wenn sie materiell sind, oft nicht gewährt werden, wissen wir sehr gut; Dennoch wissen wir zu wenig über das Ausmaß der materiellen Gesetze und über das Ausmaß, in dem eine willkürliche Vorsehung wirken kann, nicht im Widerspruch zu diesen Gesetzen, sondern durch deren Durchsetzung, um dogmatisch zu verkünden, dass die Gebete der Menschen im Lauf der Dinge völlig unerkannt bleiben .

Da die Mitglieder derselben Gemeinschaft sehr viele Segnungen und Bedürfnisse gemeinsam haben, ist es offensichtlich angebracht, dass sie sich

in **öffentlichen Gottesdiensten, Lobpreisungen und Gebeten vereinen**
; und wenn dies eine kollektive Pflicht der Gemeinschaft ist, muss die
Teilnahme daran aus gleicher Vernunft die Pflicht ihrer einzelnen Mitglieder
sein. Der öffentliche Gottesdienst erfordert die Eignung, man könnte sogar
sagen die Notwendigkeit, ihm bestimmte Orte und Zeiten ausschließlich
zuzuordnen. Vereine sind so unauslöschlich mit Orten verbunden, dass es
unmöglich wäre, die Ernsthaftigkeit und Heiligkeit hingebungsvoller
Gottesdienste in Gebäuden oder an Orten aufrechtzuerhalten, die
normalerweise weltlichen Zwecken, sei es geschäftlich oder zur Erholung,
gewidmet sind. Es konnten auch keine Gottesdienstversammlungen
einberufen werden, außer in vorher festgelegten und festgelegten Abständen;
Auch konnte ihr Andachtszweck nicht erfüllt werden, wenn nicht bestimmte
Zeitabschnitte festgelegt wurden, die von gewöhnlichen Beschäftigungen
und Vergnügungen getrennt waren. Daher die Pflicht aller, die die Eignung
des öffentlichen Gottesdienstes anerkennen, Ehrfurcht vor herkömmlich
heiligen Orten zu haben und sich von allem zu enthalten, was mit den
religiösen Gebräuchen der damaligen Zeit, die dem Gottesdienst
zugeschrieben werden, unvereinbar ist. [11]

Es bleibt uns überlassen, **die Verpflichtungen zu berücksichtigen, die
uns eine anerkannte Offenbarung Gottes auferlegt** . Die Lage, in die wir
durch eine solche Offenbarung versetzt werden, lässt sich am besten anhand
dessen veranschaulichen, was in jeder menschlichen Familie geschieht. Die
Gebote, Gebote oder Ratschläge eines vernünftigen Vaters an seinen Sohn
sind zweierlei Art. Erstens legt er besonderen Wert auf Pflichten, die der
Sohn kennt oder aus seinem eigenen Sinn für das Angemessene und Richtige
kennen könnte, wie Ehrlichkeit, Wahrhaftigkeit, Mäßigkeit. Diese Pflichten
werden dem Sohn in Wirklichkeit nicht mehr obliegen, weil sie ihm von
seinem Vater auferlegt werden; aber wenn er ein Sohn ist, der diesen Namen
verdient, wird er von ihrer Verpflichtung stärker beeindruckt sein und in
seiner kindlichen Liebe einen zusätzlichen und starken Beweggrund für ihre
Einhaltung finden. Zweitens wird der Vater entweder zum Nutzen seines
Sohnes oder in seinem eigenen Dienst bestimmte spezifische Handlungen
vorschreiben, die an sich moralisch gleichgültig sind, und diese, wenn sie so
vorgeschrieben sind, sind nicht länger gleichgültig, sondern als Akte des
Gehorsams gegenüber der rechtmäßigen Autorität , werden sie angemessen,
richtig, verbindlich und mit allen Merkmalen von Handlungen ausgestattet,
die an sich tugendhaft sind. Nun würde eine Offenbarung natürlich, und die
christliche Offenbarung tut es, Gebote und Gebote dieser beiden Klassen
enthalten. Es schreibt mit feierlichem Nachdruck die natürlichen Tugenden
vor, die für uns aufgrund der intrinsischen Fitness verpflichtend sind; und
obwohl dies dadurch nicht noch mehr zu unserer Pflicht gemacht wird,

haben wir durch die Lehren und das Beispiel Jesu Christi ein lebendigeres Bewusstsein für unsere Verpflichtung, eine höhere Wertschätzung der Schönheit der Tugend und zusätzliche Motive für ihre Kultivierung, die sich daraus ergeben die Liebe, die Gerechtigkeit und die vergeltende Vorsehung Gottes. Auch die christliche Offenbarung enthält bestimmte Anweisungen, die an sich keine zwingende Verpflichtung darstellen, wie zum Beispiel diejenigen, die sich auf die Taufe und die Eucharistie beziehen. Soweit wir sehen können, könnten auch andere und sehr unterschiedliche Riten denselben Zweck erfüllt haben. Dennoch ist es angemessen und richtig, dass diese und nicht andere beachtet werden, einfach weil die göttliche Autorität, die sie erlässt, das Recht hat, zu befehlen und gehorcht zu werden. Pflichten dieser Klasse werden allgemein als *positiv bezeichnet* , im Gegensatz zu natürlichen Pflichten. Beide Kurse sind aus Gründen der Fitness gleichermaßen unerlässlich; aber mit dem Unterschied, dass in der letzteren Klasse die Eignung in den Pflichten selbst liegt, erwächst sie in der ersteren aus der Beziehung zwischen dem, der den Befehl gibt, und denen, die den Befehl erhalten.

Abschnitt II.

Pflichten der Familie.

Die Unverletzlichkeit und Dauerhaftigkeit der Ehe sind für die Stabilität und das Wohlergehen von Familien so absolut wesentlich, dass sie praktisch Teil des Naturgesetzes sind. Die Jungen anderer Arten haben nur eine sehr kurze Zeitspanne der Abhängigkeit; Während das menschliche Kind sehr langsam zur Reife schreitet und für einen beträchtlichen Teil seines Lebens sowohl körperlich als auch geistig Unterstützung, Schutz und Führung von seinen Älteren benötigt. Die Trennung der Eltern aus anderen Gründen als dem Tod könnte die Frage unlösbar machen, wem von ihnen das Sorgerecht für ihre Kinder zusteht; und auf welche Weise auch immer über sie verfügt wurde, ihre angemessene Erziehung und Ausbildung wäre nur unzureichend gesichert. Die Kinder konnten der Fürsorge der Mutter anvertraut werden, während die Mittel zu ihrem Unterhalt ausschließlich dem Vater gehörten. Oder im Haus des Vaters könnten sie unter dem Mangel an persönlicher Aufmerksamkeit und Diensten der Mutter leiden; Wenn er dagegen eine neue eheliche Bindung einging, würden die Kinder aus der früheren Ehe kaum an Vernachlässigung oder sogar an Hass und Kränkung seitens der erfolgreichen Rivalin ihrer Mutter scheitern, vor allem, wenn sie selbst Kinder hatte. [12]

Die lebenslange Laufzeit des Ehevertrags trägt gleichermaßen zum **Glück der ehelichen Beziehung** insgesamt bei. Zweifellos gibt es einzelne Härtefälle, in denen eine völlige und unheilbare Unvereinbarkeit von Temperament und Charakter das Eheleben für beide Seiten zu einer Belastung und Ermüdung macht. Aber die Fälle sind viel zahlreicher, in denen Unterschiede im Geschmack und in der Veranlagung durch Zeit und Gewohnheit in eine umfassendere Harmonie gebracht werden und der Mann und die Frau, weil sie unterschiedlich sind, für das Glück und Wohlergehen des anderen nur noch wichtiger werden. Wo eine aufrichtige Zuneigung besteht, besteht kaum die Gefahr, dass eine dauerhafte Ehe nach einigen Jahren geschwächt wird; Wäre der Vertrag jedoch nach Belieben anfechtbar, könnte es nach der Heirat, wie so oft vor der Ehe, zu einer Reihe scheinbar gleicher Bindungen kommen, von denen jede nacheinander durch eine neue Anziehungskraft ersetzt wird. Wo andererseits die Verbindung nicht das Ergebnis von Liebe, sondern von gegenseitiger Wertschätzung und Vertrauen ist, unterstützt von Zweckmäßigkeitsgründen, würde die bloße Möglichkeit einer einfachen Scheidung beide Parteien heikel und misstrauisch machen, so dass Vertrauen entstehen könnte leicht erschüttert und die Wertschätzung leicht beeinträchtigt; während diejenigen, die erwarten, immer ein gemeinsames Zuhause zu haben, zu Gewohnheiten gegenseitiger Toleranz, Anpassung und Zugeständnisses tendieren, durch die Vertrauen und Wertschätzung zu aufrichtiger und dauerhafter Zuneigung heranreifen.

Da jede Familie in vielerlei Hinsicht eine Einheit sein muss und der Konflikt rivalisierender Mächte für einen Haushalt nicht weniger verheerend ist als für einen Staat, **muss die Familie unbedingt ein anerkanntes Oberhaupt** oder einen Vertreter haben, und diese Position wird passenderweise vom Ehemann eingenommen und nicht von der Frau; denn nach den Gesetzen und Gepflogenheiten aller zivilisierten Nationen wird er – außer in Strafsachen – für seine Frau und seine minderjährigen Kinder verantwortlich gemacht. Aber in der wohlgeordneten Familie ist jede Partei des Ehevertrags in ihrem eigenen Bereich oberstes Gebot, und in der des anderen ist er bereit, Rat zu geben, mitzufühlen und zu helfen, und langsam in Widerspruch, Vorwürfen oder Vorwürfen. Diese Abteilungen werden durch Erwägungen der intrinsischen Eignung vollkommen klar definiert, und jeder Versuch, sie zu vertauschen, kann nur den häuslichen Frieden und die soziale Ordnung beeinträchtigen.

Zu den Pflichten der Eltern gegenüber dem Kind gehören die Aufrechterhaltung seiner eigenen Lebenslage, die Fürsorge für seine Bildung und seine moralische und religiöse Kultur, Rat, Zurückhaltung, wenn nötig, Bestrafung, wenn es sowohl verdient als auch nötig ist, reines Beispiel und heilsamer Einfluss, Hilfe bei der Bildung Gewohnheiten und Fähigkeiten, die zu seiner wahrscheinlichen Berufung oder seinem Vermögen im Erwachsenenalter passen, und Vorkehrungen für seinen günstigen Einstieg in seine zukünftige Karriere. Einige dieser Pflichten hängen offensichtlich von den Fähigkeiten der Eltern ab; andere sind absolut und zwingend. Der mündige Elternteil behält einerseits seine elterliche Sorge, solange er für sein Kind rechtlich verantwortlich ist; aber andererseits wird er ihn nach und nach zur Selbsthilfe und Selbstständigkeit erziehen und ihm, wenn er sich den Jahren der Reife nähert, die Freiheit der Wahl und des Handelns einräumen, die mit seinem dauerhaften Wohlergehen vereinbar ist.

Die Pflicht des Kindes besteht in der bedingungslosen Unterwerfung unter die Autorität der Eltern, im Gehorsam gegenüber seinen Befehlen und in der Erfüllung seiner Wünsche in allen moralisch nicht verwerflichen Dingen, und dies nicht nur für die Jahre der Minderjährigkeit, sondern so lange, wie es ein Mitglied seiner Eltern bleibt Familie des Elternteils oder für den Lebensunterhalt von ihm abhängig ist. Anschließend ist es zweifellos seine Pflicht, die vernünftigen Wünsche seiner Eltern zu berücksichtigen, ihm Respekt und Ehrfurcht entgegenzubringen, eifrig für seinen Trost und sein Glück zu sorgen und ihn, wenn nötig, in seinen Jahren des Niedergangs und seiner Krankheit zu unterstützen.

Abschnitt III.

Richtigkeit.

Die Pflicht zur Wahrhaftigkeit hängt nicht von den Rechten einer zweiten Person ab, sondern ergibt sich aus Erwägungen der intrinsischen Eignung. Wenn Tatsachen, Wahrheiten oder Meinungen dargestellt werden sollen, ist es offensichtlich angemessen und richtig, dass sie dem eigenen Wissen oder Glauben entsprechen; Und niemand kann Darstellungen machen, von denen er weiß, dass sie falsch sind, ohne sich der Untauglichkeit und Falschheit bewusst zu sein.

Die wichtigsten Interessen der Gesellschaft hängen vom Vertrauen der Menschen in die Wahrhaftigkeit des anderen ab. Ohne dies wäre die Geschichte nicht mehr wert als eine Fiktion, und ihre Lehren würden unbeachtet bleiben. Ohne dies wäre ein Gerichtsverfahren eine sinnlose Verhöhnung der Gerechtigkeit und die Verwaltung von Recht und Gerechtigkeit ein reiner Zufall. Ohne dies wäre der gemeinsame Verkehr des Lebens von unaufhörlichem Zweifel und Misstrauen durchdrungen, und seine täglichen Abläufe wären ziellos und zögernd. Gegen diesen Zustand der Dinge wird der Mensch durch seine eigene Natur verteidigt. Es ist natürlicher, die Wahrheit zu sagen, als Unwahrheiten auszusprechen. Gerade die Personen, die in dieser Angelegenheit am wenigsten gewissenhaft sind, sagen die Wahrheit, wenn sie keinen Grund haben, etwas anderes zu tun. Spontane Unwahrheit zeugt von Wahnsinn.

Das Wesen der Unwahrheit liegt in der Täuschungsabsicht , nicht in den geäußerten Worten. Die Worte können einen doppelten Sinn haben; und obwohl eine der Bedeutungen wahr sein kann, können die Umstände oder die Art der Äußerung so sein, dass sie dem Hörer unweigerlich die falsche Bedeutung aufzwingen. Ein Teil der Wahrheit kann so erzählt werden, dass ein völlig falscher Eindruck entsteht. Eine Tatsache kann ausdrücklich mit dem Ziel dargelegt werden, den Hörer über eine andere Tatsache in die Irre zu führen. Blicke oder Gesten können mit der Absicht dargestellt werden, eine Unwahrheit zu kommunizieren oder zu bestätigen. Die stille Zustimmung zu einer bekannten Unwahrheit kann nicht weniger kriminell sein als deren direkte Äußerung.

Aber hat nicht einer das Recht, Tatsachen zu verbergen, die ein anderer nicht kennen darf? In einem solchen Fall ist die Geheimhaltung zweifellos ein Recht; Aber Falschheit oder Zweideutigkeit oder Wahrheit, die einen falschen Eindruck vermittelt, ist kein Recht. Diese Frage stellt sich nicht selten im Hinblick auf anonyme Veröffentlichungen. Es könnte ein berechtigter Gegenstand der Untersuchung sein, ob anonymes Schreiben nicht in allen Fällen anstößig ist, mit der Begründung, dass ein Gefühl der persönlichen Verantwortung für gegenüber der Öffentlichkeit abgegebene Aussagen eine einheitlichere Beachtung von Wahrheit und Gerechtigkeit sowie größere Sorgfalt gewährleisten würde bei der Feststellung von Tatsachen und reifere Überlegungen bei der Bildung von Urteilen und Meinungen. Wenn jedoch anonymes Schreiben gerechtfertigt ist, ist der Autor berechtigt, sein Geheimnis zu wahren, indem er einen Kopisten einsetzt, die Übermittlung an die Presse auf verdeckte Weise vornimmt oder indem er stilistische Besonderheiten vermeidet, die ihn verraten könnten. Wenn jedoch trotz dieser Vorsichtsmaßnahmen die Urheberschaft verdächtigt und ihm zur Last gelegt wird, können wir sein Recht auf Ablehnung nicht anerkennen, sei es ausdrücklich oder stillschweigend oder sogar durch die Äußerung einer irreführenden Tatsache. Er übernahm die Urheberschaft mit dem Risiko der Entdeckung; er hatte kein Recht, öffentlich zu machen, wofür er sich schämen musste; Und wenn es zweitrangige, wenn auch schwerwiegende Gründe dafür gibt, warum er es vorzieht, unbekannt zu bleiben, können diese nicht ausreichen, um seine Lüge zu rechtfertigen.

Darf man einer verrückten Person die Wahrheit sagen, wenn sie für ihn oder andere gefährlich sein könnte? Kann er nicht zu seinen Gunsten getäuscht, an einen sicheren Ort gebracht oder durch Unwahrheit von einer beabsichtigten Gewalttat abgeschreckt werden? Diejenigen, die die Vormundschaft für Geisteskranke innehaben, sind sich einig, dass eine Lüge, wenn sie von ihnen entdeckt wird, immer schädliche Folgen hat und dass nur dann darauf zurückgegriffen werden sollte, wenn dies für ihre unmittelbare Sicherheit oder die anderer unbedingt erforderlich ist. Aber in solchen Fällen könnte der strengste Moralist die Notwendigkeit und damit das Recht der Unwahrheit nicht leugnen. Aber es wäre formal und nicht faktisch falsch. Die Wahrheitsfindung impliziert zwei bewusste Parteien. Die Aussage, aus der ein Geisteskranker falsche Schlüsse zieht und die ihn zu einer Tat oder einem Wahnsinnsanfall treibt, ist für ihn nicht wahr. Die Aussage, die für seine Sicherheit, Ruhe oder sein vernünftiges Verhalten unerlässlich ist, ist für ihn praktisch wahr, insofern sie Eindrücke vermittelt, die der Wahrheit so nahe kommen, wie er zu empfangen fähig ist.

Ist die Unwahrheit für die Sicherheit des eigenen Lebens oder der anderer gerechtfertigt? Dies ist eine weit gefasste Frage, die eine sehr große Vielfalt an Fällen umfasst. Dazu gehören Fälle, in denen die Alternative darin besteht, seine politischen oder religiösen Überzeugungen zu verleugnen oder für das Bekenntnis zu dieser Überzeugung den Tod zu erleiden. Hier kann es jedoch keine Meinungsverschiedenheit geben. Politische Freiheit und religiöse Wahrheit wurden in vergangenen Zeiten durch Märtyrer wirksamer propagiert als durch jedes andere Instrument; und kein Mensch hat die Dankbarkeit und Ehrfurcht seiner Rasse so sehr verdient wie diejenigen, denen die Wahrheit wichtiger war als das Leben.

Aber die Form, die die Frage normalerweise annimmt, ist folgende: **Wenn ich durch falsche Informationen die Begehung eines grausamen Verbrechens verhindern kann, bin ich dann für die Unwahrheit gerechtfertigt?** Zunächst muss gesagt werden, dass dies kaum eine praktische Frage ist. Vermutlich hat es sich praktisch nie einer Person präsentiert, in deren Augen diese Seiten fallen würden oder die in irgendeiner Weise in deren Kenntnis gelangt wäre. Auch die gewohnte Diskussion solcher Extremfälle kann keinen Nutzen bringen. Andererseits wird jemand, der sich mit der Idee vertraut macht, dass unter solch angespannten Umständen das, was sonst falsch war, richtig wird, dazu neigen, ähnliche Überlegungen auf eine etwas weniger dringende Notwendigkeit und damit auf jeden Fall anzuwenden, in dem scheinbar große Vorteile vorliegen könnte aus einer Abweichung von der strengen Wahrhaftigkeit resultieren. Viel besser ist es, die buchstäbliche Wahrheit zum unveränderlichen Gesetz des Lebens zu machen und sich dann darauf zu verlassen, dass, sollte ein Extremfall eintreten, die Notwendigkeit des Augenblicks den einzuschlagenden Weg vorgeben wird. Doch bei ethischer Strenge kann die Unwahrheit einer selbstbewussten Person gegenüber einer anderen nicht gerechtfertigt werden; aber wir können uns Umstände vorstellen, unter denen es abgemildert werden könnte. Es gibt keine Rechtsgrade; aber vom Unrecht kann es unendlich viele Grade geben. Eine gerade Linie kann nicht gerader sein als eine andere; aber wir können uns eine Kurve oder eine Wellenlinie vorstellen, die nur eine verschwindend kleine Abweichung von einer geraden Linie aufweist. So kann es in der Moral ein unendlich kleines Unrecht geben – eine Handlung, die nicht für richtig erklärt werden kann, aber dennoch so wenig vom Recht abweicht, dass das Gewissen davon keinen nennenswerten Makel abbekommt, dass der Mensch sie nicht verurteilen könnte und dass wir uns das nicht vorstellen können dass es in der Kanzlei des Himmels gegen die Seele registriert wird. Dies könnte das Urteil sein, das einer Unwahrheit, durch die ein grausames Verbrechen verhindert wurde, gerechtfertigt wäre.

* * * * *

Versprechen gehören aus einem doppelten Grund unter den Begriff der Wahrhaftigkeit, denn sie erfordern bei ihrer Abgabe die wahrheitsgemäße Erklärung eines aufrichtigen Zwecks und bei ihrer Ausführung eine gleiche Treue zur Wahrheit, auch wenn dies Unannehmlichkeiten, Kosten oder

Verluste mit sich bringt. Die Worte eines Versprechens können oft mehr als eine Interpretation haben; Aber die Wahrhaftigkeit erfordert offensichtlich, dass der Versprechende sein Versprechen in dem Sinne erfüllt, in dem er es von dem, dem es gegeben wurde, für verstanden gehalten hat.

Es gibt Fälle, in denen ein Versprechen nicht gehalten werden sollte. Das Versprechen, eine unmoralische Handlung zu begehen, ist von Anfang an ungültig. Es ist falsch, es zu schaffen, und es ist doppelt falsch, es zu behalten. Das Versprechen, eine an sich nicht unmoralische, aber rechtswidrige Handlung zu begehen, sollte im gleichen Licht betrachtet werden. Wenn sich beide Parteien zum Zeitpunkt der Zusage der Rechtswidrigkeit der Handlung bewusst waren, hat keine der Parteien das Recht, sich durch die andere verletzt zu fühlen. Wenn jedoch der Versprechende sich der Rechtswidrigkeit seines Versprechens bewusst war, während der Versprechende es für rechtmäßig hielt, ist der Versprechende, auch wenn er nicht an sein Versprechen gebunden ist, verpflichtet, dem Versprechenden seine Enttäuschung oder seinen Verlust zu entschädigen. Wenn die versprochene Handlung zwischen der Abgabe und der Erfüllung des Versprechens rechtswidrig wird, wird das Versprechen ungültig und der Versprechende hat keinen Grund, sich gegen den Versprechenden zu beschweren. Wenn also ein Mann versprach, zu einem bestimmten Zeitpunkt Waren einer bestimmten Art an einen Korrespondenten zu senden, und vor diesem Zeitpunkt die Ausfuhr solcher Waren gesetzlich verboten war, wäre er sowohl von seinem Versprechen als auch von der Verantwortung für deren Nichterfüllung befreit. Erfüllung.

Ein Versprechen, das weder unmoralisch noch rechtswidrig ist, sondern aufgrund eines Fehlers gemacht wurde, der beiden Parteien gemeinsam ist und der – wenn er bekannt gewesen wäre – das Versprechen verhindert hätte, ist nichtig. Ein erpresstes Versprechen, eine unmoralische oder rechtswidrige Handlung zu begehen, kann nicht bindend sein. Man hat in der Tat kein moralisches Recht, ein solches Versprechen abzugeben, doch wenn es sich um einen äußerst dringenden und gefährlichen Fall handelt, können mildernde Umstände das Unrecht auf eine verschwindend kleine Abweichung vom Recht reduzieren; aber wenn der Zwang vorüber ist, können keine Überlegungen die Erfüllung dessen rechtfertigen, was falsch versprochen wurde. Aber ein Versprechen, das an sich nicht unmoralisch oder rechtswidrig ist, ist bindend, auch wenn es unter Zwang gegeben wird. Wenn also einem von Banditen angegriffenen Mann unter der Bedingung eines Lösegelds das Leben gerettet wurde, ist er verpflichtet, das Lösegeld zu zahlen; denn im Moment der Gefahr hielt er sein Leben für alles wert, was er versprochen hatte, dafür zu geben, und es ist weder unmoralisch noch rechtswidrig, Geld zu geben, nicht einmal einem Räuber. In einem Fall wie diesem sollte auch die Rücksichtnahme auf die Sicherheit anderer von Bedeutung sein; denn in einem Land, das solchen Gefahren ausgesetzt ist, könnte der Bruch eines Versprechens durch einen Mann der Gemeinschaft das Leben vieler kosten.

Verträge sind gegenseitige Versprechen, in denen sich jede Partei der anderen gegenüber bestimmte Verpflichtungen auferlegt. Sie sind nach den gleichen Grundsätzen auszulegen und aus den gleichen Gründen wie Versprechen als nichtig oder anfechtbar anzusehen.

Ein Eid ist eine Anrufung des Schutzes und Segens Gottes oder seiner Empörung und seines Fluches auf die Person, die schwört, je nachdem, ob ihre Behauptung wahr oder falsch ist oder ob ihr Versprechen eingehalten oder gebrochen werden soll. „Also hilf dir, Gott" , die in diesem Land gebräuchliche Form drückt die Idee aus, die einem Eid zugrunde liegt – *und* ist natürlich das nachdrückliche Wort. Von Zeugen vor Gericht werden Eide zur Bestätigung ihrer Aussage und von Amtsträgern als Treuebeweis verlangt. Sie sind auch für die Beglaubigung von Rechnungen, Nachlassverzeichnissen, Steuererklärungen und verschiedenen Finanz- und Statistikerklärungen erforderlich, die im Rahmen der öffentlichen Verwaltung erstellt werden. Es gibt auch nicht wenige Personen und Gelegenheiten, bei denen ein Treueid gegenüber der Regierung des Staates oder der Nation verlangt wird.

Ein Eid stärkt nicht die Verpflichtung, die Wahrheit zu sagen oder sein Versprechen zu erfüllen. Diese Verpflichtung ist auf der Grundlage der intrinsischen Eignung und des bekannten Willens und Befehls Gottes in jedem Fall vollständig und vollkommen. Die Tendenz von Eiden besteht jedoch darin, in den Köpfen der Menschen zwei Klassen von Behauptungen und Versprechen zu etablieren, von denen die eine heiliger ist als die andere. Wer aufgrund der feierlichen Bestätigung eines Eides lediglich dazu verpflichtet ist, die Wahrheit zu sagen oder in gutem Glauben ein Versprechen abzugeben, kommt natürlich zu dem Schluss, dass er bei gewöhnlichen Aussagen oder Versprechen zu einer weniger strengen Genauigkeit oder Treue verpflichtet ist. Das Gesetz des Landes spielt, wie wir gesehen haben, eine wichtige Rolle in der ethischen Erziehung der Jugend; und durch die rechtliche Unterscheidung zwischen Behauptungen oder Versprechen unter Eid und solchen, die ohne diese Sanktion gemacht werden, werden Kinder und Jugendliche dazu erzogen, die einfache Wahrheitserklärung und das Einhalten von Versprechen als zweitrangige Pflicht anzusehen. Diese Wirkung gesetzlicher Eide wird durch die Verbreitung von profanem Fluchen und durch die häufige Verwendung eidähnlicher, nicht als profan angesehener Formen der Beteuerung durch Personen mit ernsthafterem Charakter bestätigt. Außer in den religiösen Sekten, die den Gebrauch von Eiden ablehnen, schwören neun von zehn

Personen mehr oder weniger und bestätigen spontan Aussagen, die auch nur im geringsten merkwürdig oder schwer zu glauben sind, oder Versprechen, denen sie den Anschein von Aufrichtigkeit verleihen möchten und Ernsthaftigkeit, durch die stärksten Eide, die sie zu schwören wagen. Dies ergibt sich aus einer empfundenen Notwendigkeit, die so lange bestehen bleibt, wie vorrangige Heiligkeit mit gesetzlichen Eiden verbunden ist.

Eide sind bekanntermaßen unwirksam, wenn es darum geht, Wahrheit und Treue zu gewährleisten. Was ihren erzieherischen Einfluss anbelangt, neigen sie, wie wir gesehen haben, dazu, die Ehrfurcht vor der Wahrheit an sich zu untergraben, die der sicherste Schutz der individuellen Wahrhaftigkeit ist. Auch wenn man sich auf einen Eid verlässt, richtet sich die Aufmerksamkeit der Betroffenen bei weniger sorgfältiger Prüfung auf den Charakter und die Wahrhaftigkeit desjenigen, dem er geleistet wird. Tatsächlich schwören Menschen falsch, wann und wo immer sie bereit wären, ohne Eid Unwahrheiten zu äußern. Vor Gericht verhindern die Schmerzen und Strafen des Meineids zweifellos viele falsche Schwörungen; aber genau die gleichen Strafen werden mit der Bekräftigung von Personen verhängt, die aufgrund religiöser Bedenken vom Schwören befreit werden, und sie sind sicherlich nicht zu streng für eine Falschaussage, auf welche Weise sie auch immer erfolgen mag. Ungeachtet dieser Prüfung ist es jedoch allgemein bekannt, dass ein prinzipienloser Anwalt vor einem korrupten oder inkompetenten Gericht nie Schwierigkeiten hat, falsche Aussagen zu erkaufen; Und selbst wenn die Gerechtigkeit aufrichtig und geschickt gehandhabt wird, kommt es nicht selten vor, dass zwischen gleichermaßen glaubwürdigen Zeugen so offensichtliche und unversöhnliche Widersprüche auftreten, dass kein Raum für eine andere Hypothese als einen Meineid auf einer oder beiden Seiten bleibt. Meineid bei Geschäften mit dem Staatsfinanzamt und mit kommunalen Gutachtern sind bei Personen mit hohem allgemeinem Ansehen keineswegs beispiellos. Falschen Eiden dieser Art geht tatsächlich nicht selten ein fiktiver Formalismus voraus, etwa eine unwirkliche und vorübergehende Eigentumsübertragung; Dies geschieht jedoch nicht, um der Schuld des Meineids zu entgehen, sondern um im Falle einer Entdeckung einen technischen Ausweg aus der gesetzlichen Strafe zu eröffnen. Ebenso wenig wert sind Schuldscheine. Es gibt keinen Beamten vom Präsidenten der Vereinigten Staaten bis zum Dorfpolizisten, der nicht einen angeblich feierlichen Eid leistet (obwohl er oft mit unanständiger Leichtfertigkeit geleistet wird), der Verfassung des Landes oder Staates treu zu sein. und treu bei der Erfüllung seiner offiziellen Pflichten. Doch welchen Effekt hat dieses gewaltige Ausmaß des Fluchens, wenn es nicht darin besteht, den Meineid zu einem so vertrauten Vergehen zu machen, dass er nicht länger als schändlich angesehen wird? Ein Mitglied des Kongresses nimmt kein Bestechungsgeld an , kein Vertrag, der heimlich von einem Gemeindebeamten erlangt wird, keine Ernennung, die bekanntermaßen zum

Nachteil der Öffentlichkeit aus persönlichen oder parteipolitischen Gründen vorgenommen wird, ohne dass ein Verbrechen begangen wird, das in der Theorie transzendental abscheulich ist. in der Praxis ständig geduldet und ignoriert. Wir können uns auch nicht irren, wenn wir annehmen, dass das Sakrileg und die virtuelle Blasphemie, die sich aus der Einrichtung von Gerichts-, Behauptungs- und Schuldscheineiden ergeben, keinen zweitrangigen Platz unter den Ursachen des moralischen Niedergangs und der Korruption einnehmen, deren offensichtliche Zeichen wir erleben.

Für jemanden, der bei der Interpretation des Neuen Testaments keine vorgefertigten Schlussfolgerungen zieht, kann es kaum anders als sicher erscheinen, dass der Begründer des Christentums die Absicht hatte, alle Eide zu verbieten. Sein Gebot „Schwöre überhaupt nicht" kommt in einer Reihe von Spezifikationen von Maximen vor, die der Standardmoral seiner Zeit entnommen sind, wobei er jeweils die bestehende ethische Regel außer Kraft setzt und sie durch eine ersetzt, die genau denselben Bereich abdeckt. und entsprach dem intrinsischen Recht, wie es in seinem eigenen Geist und Leben zum Ausdruck kommt. „Ihr habt gehört, dass gesagt wurde: Auge um Auge und Zahn um Zahn; aber ich sage euch: Widersteht dem Bösen nicht." „Ihr habt gehört, dass gesagt wurde: Du sollst deinen Nächsten lieben und deinen Feind hassen; aber ich sage euch: Liebt eure Feinde." Die Analogie dieser und anderer Erklärungen derselben Reihe zwingt uns zu glauben, dass Jesus sagte: „Ihr habt gehört, dass von denen in alter Zeit gesagt wurde: Du sollst dir nicht schwören, sondern sollst dem Herrn deine Eide erfüllen." „ Das folgende Gebot: „Ich sage euch: Schwöre überhaupt nicht" muss auf dasselbe Thema zutreffen wie die vorhergehende Maxime: dass Jesus beabsichtigt haben muss, etwas zu verbieten, was zuvor erlaubt war. Wenn ja, dann müssen nicht nur triviale oder profane Eide, sondern Eide, die in gutem Glauben und mit der gebotenen Feierlichkeit geleistet wurden, in die Vorschrift „Schwöre überhaupt nicht" aufgenommen worden sein . [13] Es ist historisch sicher, dass die Urchristen die evangelische Vorschrift so verstanden haben. Sie lehnten nicht nur die üblichen götzendienerischen Formen der Beschwörung ab, sondern behaupteten auch, dass alle Eide von ihrem göttlichen Gesetzgeber verboten worden seien; Wir haben auch keinen Beweis dafür, dass sie von dieser Position abgewichen sind, bis zu der seltsamen Verschmelzung von Kirche und Staat unter Konstantin, bei der es schwer zu sagen ist, ob das Christentum den Thron der Cäsaren bestieg oder ihrer Herrschaft erlag.

Abschnitt IV.

Ehrlichkeit.

Ehrlichkeit bezieht sich auf Transaktionen, bei denen es um Geld oder anderes Eigentum geht. Im weitesten Sinne verbietet es nicht nur die Verletzung der Rechte des Einzelnen, sondern auch Handlungen und Praktiken, die darauf abzielen, eine ungerechtfertigte Vergütung auf Kosten der Gemeinschaft oder einer Klasse oder eines Teils ihrer Mitglieder zu erzielen. Es verlangt nicht nur die Begleichung von Schulden und die Erfüllung von Verträgen, sondern auch die strikte Treue gegenüber jedem Trust, ob privat oder öffentlich. Sein Grund ist intrinsische Fitness; und ein Gefühl der Eignung wird die allgemeinen Regeln aufzeigen und es einem immer ermöglichen, seine Pflicht im Einzelfall zu bestimmen. Sein gesamtes Gebiet kann durch zwei Gebote abgedeckt werden, die dem bescheidensten Verständnis entsprechen und in ihrer Anwendung unfehlbar sind. Das erste bezieht sich auf Transaktionen zwischen Mensch und Mensch: Tun Sie das und nur das, was Sie für gerecht und richtig halten würden, wenn es Ihnen angetan würde. Die zweite umfasst Anliegen, die eine Anzahl oder Klassen von Personen betreffen: Tun Sie das und nur das, was Sie als verantwortungsbewusster Treuhänder und Hüter des Gemeinwohls als gerecht und richtig verordnen oder sanktionieren würden.

Ungeachtet der unzweifelhaften Zunahme der Unehrlichkeit in jüngster Zeit und ihrer katastrophalen Häufigkeit besteht kein Zweifel daran, dass **die Mehrheit der Menschen ehrlich ist** und dass die Transaktionen, bei denen es keine Täuschung oder Unrecht gibt, die Zahl der betrügerischen weitaus übersteigt. Wäre dies nicht der Fall, gäbe es weder Vertrauen noch Kredit, das Unternehmertum wäre gelähmt, das Geschäft wäre auf die niedrigsten Anforderungen der absoluten Notwendigkeit reduziert und jeder Mensch wäre der alleinige Verwalter dessen, was er herstellen, produzieren oder sonstwie produzieren könnte erwerben. Es kann daher kein Element geben, das der Beständigkeit, um nicht zu sagen, dem Fortschritt der materiellen Zivilisation und der von ihr abhängigen höheren Interessen direkter feindlich gegenübersteht, als Betrug, Spekulation und Vertrauensbruch in Geld- und Handelsangelegenheiten und unter Bezugnahme auf öffentliche Mittel und Maßnahmen. Dennoch gibt es Methoden, für die zu einem großen Teil ehrliche Männer verantwortlich sind und bei denen Unehrlichkeit geschaffen, genährt und belohnt wird. Wenn im politischen Leben nur wenige Amtsträger für Bestechungsgelder unzugänglich sind, liegt das nicht daran, dass Männer von unantastbarer

Integrität nicht wie in früheren Zeiten in großer Zahl für alle Vertrauensposten zu finden wären; sondern weil die Kompromisse, Demütigungen und Zugeständnisse, durch die man in vielen unserer Wahlkreise allein Kandidat einer Partei werden kann, so sind, dass ein ehrlicher Mann sie entweder von vornherein verschmähen würde oder sie nur ertragen könnte, indem er sich von seiner Ehrlichkeit trennte . Solange die Menschen darauf bestehen, diejenigen in kommunale Stiftungen zu wählen, deren einzige Qualifikation blinde Loyalität und skrupelloser Dienst an einer Partei ist, können sie nur mit Raub in Form von Steuern rechnen; und in der Tat sind die finanziellen Enthüllungen, die in der Handelsmetropole unseres Landes gemacht wurden, typisch für das, was, soweit möglich, in Städten und Dörfern im ganzen Land geschieht. Was Unterschlagungen, Fälschungen und Betrügereien bei der Verwaltung von Vermögenstreuhändern anbelangt, so kann es keinen Zweifel daran geben, dass sich die Zahl durch die krankhafte Sympathie der Öffentlichkeit für die Kriminellen, durch ihre häufige Umgehung der Strafe oder durch die sofortige Begnadigung nach der Verurteilung erheblich vervielfacht durch die Leichtigkeit, mit der sie oft ihre soziale Stellung wiedererlangt haben, und durch die Mittel, diese zu behaupten.

Zusätzlich zu dieser Komplizenschaft mit Betrug und Unrecht seitens der Öffentlichkeit gibt es viele Arten, wie Unehrlichkeit **Unehrlichkeit erzeugt** , ja geradezu notwendig macht . Ein an sich ehrlicher Geschäftszweig kann gegenüber einem ehrlichen Mann praktisch verschlossen sein. Die so erschreckend weit verbreiteten Lebensmittelverfälschungen veranschaulichen diesen Punkt. Es gibt Waren, bei denen die Mischung billigerer Zutaten für den Käufer nicht erkennbar ist und die in ihrer entwerteten Form zu einem so niedrigen Preis angeboten werden können, dass die echten Waren, die sie ersetzen, vom Markt verdrängt werden; und so wird dem bisher ehrlichen Händler die Alternative geboten, sich an dem Betrug zu beteiligen oder das Geschäft aufzugeben. Der erstere Weg wird zweifellos von vielen eingeschlagen, die die scheinbare Notwendigkeit aufrichtig bereuen.

Unehrlichkeit schadet nicht nur dem unmittelbaren Opfer des Betrugs oder Unrechts, sondern **ist, wenn sie häufig vorkommt, eine öffentliche Verletzung** und ein Unglück. Auf die eine oder andere Weise entzieht es jedem ehrlichen Menschen einen großen Teil seines Einkommens oder Einkommens. In diesem Land bleiben wir derzeit wahrscheinlich hinter der Wahrheit zurück, wenn wir sagen, dass mindestens ein Drittel des Einkommens jedes Bürgers in Form direkter oder indirekter Steuern gezahlt wird, und von diesem Betrag ein viel größerer Prozentsatz, als es der Fall wäre Man kann leicht glauben, dass es auf dem Weg in die Staatskasse oder bei seiner Auszahlung geplündert wird. Was dann die uneinbringlichen (sogenannten) Schulden betrifft, von denen die meisten betrügerisch eingegangen oder umgangen wurden, so stellen sie im Allgemeinen nicht den Verlust des unmittelbaren Gläubigers dar und sollten es auch nicht sein; er ist verpflichtet, für seine Waren einen Preis zu verlangen, der diese Schulden deckt, und ehrliche Käufer müssen daher die Schulden des zahlungsunfähigen Käufers bezahlen. Dies ist auch kein Einzelfall, in dem unschuldige Personen für Unrecht leiden müssen, mit dem sie scheinbar keinen notwendigen Zusammenhang haben. Es gibt nur sehr wenige Ausnahmen von der Regel, für die wir jedoch nur ein weiteres Beispiel verwenden können. Es ist eine wohlbekannte Tatsache, dass viele amerikanische Eisenbahnen nicht nur sehr viel mehr Geld gekostet haben, als ihnen jemals zur Verfügung gestellt wurde, sondern dass sie auch dazu gebracht werden, in den Büchern der jeweiligen Unternehmen vertreten zu sein, indem sie die Baukosten lange und großzügig offen halten viel größere Beträge, als sie kosten, insbesondere in Fällen, in denen das Unternehmen lukrativ ist und die Dividenden gesetzlich begrenzt sind.

Nun stellt in einigen Teilen unseres Landes eine Transaktion dieser Art – im Wesentlichen betrügerisch, unter wie respektablen Auspizien auch immer – eine katastrophale Belastung für die produktive Industrie durch den hohen Frachtzoll dar, den sie auferlegt – manchmal so hoch, dass sperrige Waren wie Weizen aufbewahrt werden und Mais, weg von den Märkten, wo sie zu fairen Transportkosten einen lohnenden Verkauf finden könnten. So können selbst die Mittel, die zur Erschließung der Ressourcen einer Region eines Landes entwickelt wurden, zu deren Behinderung und Behinderung missbraucht werden. Kurz gesagt, Unehrlichkeit in all ihren Formen hat eine weit verbreitete Verletzungskraft und erfordert allein aus dem Grund der Selbstverteidigung den Protest und die Feindseligkeit der gesamten Gemeinschaft.

Bereich zwischen richtig und verwerflich falsch gibt , gibt es geschäftliche Angelegenheiten, in denen es scheinbar kein solches Zwischengebiet gibt, in denen aber das gilt, was fair, ehrenhaft und sogar notwendig ist eng mit Unehrlichkeit verbunden. Mit Ausnahme des einfachsten Einzelhandelsgeschäfts ist daher jeder moderne Handel Spekulation, und die Grenze zwischen legitimer und unehrlicher Spekulation ist für manche Menschen schwer zu erkennen. Dennoch kann es zu einer Diskriminierung kommen. Ein Mann hat Anspruch auf alles, was er durch Dienste für die Gemeinschaft verdient, und diese Einkünfte können im Einzelfall eine immense Summe erreichen. Wir können leicht verstehen, wie dies bei den sehr hohen Gehältern der Meisterhersteller der Fall sein kann und sein muss. Solche Gehälter würden nicht gezahlt werden, wenn nicht die

Intelligenz, das Geschick und die Organisationsfähigkeit dieser Männer die unter ihrer Leitung hergestellten Waren noch mehr verbilligt hätten. Genauso verhält es sich mit dem Kaufmann, der rechtmäßigen Handel betreibt. Durch sein Wissen um die richtigen Zeiten und die besten Einkaufsmethoden, durch seinen Unternehmergeist und seine Klugheit bei der Aufrechterhaltung des Verkehrs mit und zwischen entfernten Märkten und durch seinen Kapitaleinsatz und sein Können als Beförderer von Waren vom Ort ihrer Produktion zum Ort, an dem sie hergestellt werden Da sie für den Gebrauch benötigt werden, verbilligt er die Waren, die durch seine Hände gehen, um einen Betrag, der höher ist als der Zoll, den er dafür erhebt, der – wie hoch er auch sein mag – ihm rechtmäßig zusteht.

Wenn also ein Kaufmann in Erwartung der Knappheit einer Ware den Preis so erhöht, dass sich der Verkauf im Wesentlichen verringert, **erzielt er seinen erhöhten Gewinn** ; denn ein erhöhter Preis ist die einzig praktikable Kontrolle des Verbrauchs. Wenn zum Beispiel bei der tatsächlichen Verbrauchsrate die vorhandenen Brotvorräte einen Monat vor der neuen Ernte verzehrt würden, könnte keine statistische Aussage den Monat der Hungersnot verhindern; Aber erfahrene Getreidehändler können den Preis der vorhandenen Vorräte so anpassen, dass genau das Maß an Sparsamkeit erreicht wird, das die Vorräte so lange hält, bis sie ersetzt werden können. Sie werden in der Tat einen großen Gewinn aus ihren Verkäufen erzielen und von unwissenden Personen beschuldigt werden, sie spekulieren auf Knappheit und auf die Befürchtungen der Bevölkerung; aber es wird ganz und gar ihrem Vorwissen zu verdanken sein, dass der Mangel nicht zur Hungersnot und die Befürchtungen nicht zum Leid werden konnten; und sie werden für diesen Dienst mehr verdient haben als die größten Gewinne, die ihnen zufließen können.

Die gleichen Grundsätze gelten für **Spekulationen mit Aktien** , die in vielen Köpfen mit unehrlichem Gewinn gleichgesetzt werden. Aktien sind marktfähige Güter, ebenso wie Zucker und Salz. Sie unterliegen legitimen Wertschwankungen, wobei ihr tatsächlicher Wert oft durch eintretende Tatsachen, oft durch Meinungen, die auf zuordenbaren Gründen beruhen, beeinflusst wird. Wenn nun ein Mann über genug Geschick und Weitsicht verfügt, um Aktien zu ihren niedrigsten Kursen zu kaufen und sie zu verkaufen, wenn sie ihm einen Gewinn bringen, investiert er seine Intelligenz und seinen Scharfsinn völlig legitim und in die Erleichterung des Verkaufs für diejenigen, die verkaufen müssen , und Einkäufe für diejenigen, die kaufen möchten, und so verhindert, dass Kapital ungenutzt bleibt oder bei Bedarf unumsetzbar bleibt, verdient er alles, was sein Geschäft ihm einbringt, durch die wesentlichen Dienstleistungen, die er leistet.

Das legitime Geschäft des Kaufmanns und des Maklers hängt, wie wir gesehen haben, von Schwankungen auf dem Markt ab , und wer den

Scharfsinn hat, diese Schwankungen vorherzusehen und das Unternehmen, sich darauf vorzubereiten, zieht aus ihnen Vorteile, denen er gerecht wird berechtigt. Aber genau an diesem Punkt liegt der Druck der Versuchung, und es bietet sich die Gelegenheit zur Unehrlichkeit auf eine Art und Weise, die die Gesetze nicht zur Kenntnis nehmen und die die öffentliche Meinung keineswegs ernst nimmt. Die Eventualitäten, die der Scharfsinn vorhersehen kann, können oft durch Kapital und Kredit entstehen. Virtuelle Knappheit kann durch Vorbeugung und Monopolbildung entstehen. Wenn es keinen wirklichen Mangel gibt, können durch geschickte Manipulation des Getreidemarktes sogar Hungersnotpreise für lebensnotwendige Güter erzielt werden. Auch auf dem Aktienmarkt werden Anleihen und Aktien nicht für ihren Wert von tatsächlichen Eigentümern und an echte Käufer gekauft oder verkauft, sondern lediglich aufs Spiel gesetzt – sie werden in großen Mengen gekauft, um eine Nachfrage zu erzeugen die ihren Preis in die Höhe treiben oder so auf den Markt geworfen werden, dass ihr Preis unter ihren tatsächlichen Wert sinkt, und das alles mit dem einzigen Zweck, sich gegenseitig zu verletzen und zu beunruhigen. Durch Operationen dieser Art wird nicht nur kein nützlicher Zweck erreicht, sondern auch die finanziellen Interessen und Beziehungen der Gemeinschaft werden schädlich, oft ruinös, gestört; Während die Kreditwürdigkeit nicht weniger privater Aktienbesitzer durch einen plötzlichen Preisverfall oder durch die Inflation des Nominalwerts erheblich beeinträchtigt wird, werden sie zu überstürzten Spekulationen verleitet.

In den angeführten Fällen kann man sehen, wie eng **das Richtige an das Falsche angrenzt** , so dass man die Grenze fast unbewusst überschreiten kann. Dennoch wird angenommen, dass ein Mann selbst bestimmen kann, auf welche Seite der Linie er gehört. Der Geschäftszweig oder die Art der Geschäftsabwicklung, die auf keinen Fall für die Gemeinschaft von Nutzen sein kann, und noch mehr, die in ihrem allgemeinen Verlauf eine geradezu schädliche Tendenz hat, ist ihrem Wesen nach unehrlich, selbst wenn es keine individuellen Handlungen gibt des Betrugs. Er betrügt wirklich die Öffentlichkeit, die von der Öffentlichkeit lebt, ohne irgendeine wertvolle Gegenleistung zu erbringen oder die Absicht zu haben, sie zu erbringen; und wenn es einen Beruf oder eine Geschäftsabteilung gibt, auf die diese Beschreibung zutrifft, sollte sie von jedem Mann, der ehrlich sein will, gemieden oder aufgegeben werden.

Unter den vielen diskutierten Fällen, in denen es um die Frage der Ehrlichkeit geht, werden unsere vorgeschlagenen Grenzen es uns erlauben, nur den (sogenannten) Wucher 14 zu berücksichtigen. Es besteht kein Zweifel daran, dass die Wuchergesetze und die ihnen zugrunde liegende Meinung der falschen Theorie entsprangen, wonach Geld nicht als Wert, sondern lediglich als Maß für den Wert angesehen wurde. Man versteht nun, dass es seine Fähigkeit,

Wert zu messen, ausschließlich seinem eigenen inneren Wert verdankt; dass seine Papiervertreter ihm nur dann an Kaufkraft gleichkommen können, wenn sie nach Belieben in Münzen umgewandelt werden können; und dass Papier, das nicht sofort konvertierbar ist, nur insoweit den Charakter von Geld erhalten kann, als die Aussicht oder Hoffnung auf seine endgültige Umwandlung in Münze besteht. Daraus folgt, dass Geld mit allen anderen Werten auf derselben Stufe steht, dass sein Gebrauch also eine marktfähige Ware ist, deren angemessener Preis auf unbestimmte Zeit schwankt, je nachdem Geld im Überfluss oder knapp ist, je nachdem, ob es sich um ein Darlehen für eine lange oder eine kurze Zeit handelt und der Kreditnehmer von mehr oder weniger sicherer Zahlungsfähigkeit. Bei gewöhnlichen Krediten sind die Verhältnisse von Angebot und Nachfrage ausreichend geeignet, den Zinssatz zu regulieren , während derjenige, der ein besonders gefährliches Risiko eingeht, durchaus eine entsprechend hohe Entschädigung erhält. Es liegt daher kein grundsätzliches Unrecht darin, für die Verwendung seines Geldes alles zu erhalten, was es wert ist; Und obwohl wir die Verletzung von Gesetzen, die nicht absolut unmoralisch sind, nicht rechtfertigen können, gehört Unehrlichkeit nicht zum Vergehen eines Mannes, der mehr als nur rechtliche Interessen hat. [15]

Abschnitt V.

Wohltätigkeit.

Wir haben ein ausgeprägtes Bewusstsein für die Bedürfnisse der Menschen. Auch wenn wir selbst nicht unter Armut gelitten haben, sollten wir sie dennoch ablehnen. Was wir fürchten sollten, fühlen andere. Die Dinge, die wir für unser Wohlbefinden für wesentlich halten oder für wichtig halten, fehlen vielen. Es kann sein, dass wir sie oder die Mittel zu ihrer Beschaffung besitzen, die über unsere persönliche Nutzungsmöglichkeit hinausgehen. Dieser größere Anteil an materiellen Gütern ist uns tatsächlich durch das Wirken von Gesetzen zuteil geworden, die der Struktur der Gesellschaft innewohnen, und somit, wie wir glauben, durch göttliche Bestimmung. Gleichzeitig sind wir uns der wohlwollenden Zuneigung mehr oder weniger bewusst. Der Anblick oder das Wissen um Not oder Leid löst in uns Mitleid aus. Unser Fitnessgefühl wird durch die Existenz unerfüllter Bedürfnisse und ungelinderter Katastrophen schmerzlich gestört. Wir müssen uns der Anpassung des Überflusses an materiellen Gütern, die wir möglicherweise besitzen, an wohltätige Zwecke bewusst sein; und es kann kaum sein, dass wir uns nicht auf den Glauben verlassen werden, dass es in der unvermeidlichen Ordnung der Gesellschaft der vorbestimmte Plan und Zweck des Überflusses ist, den Mangel auszugleichen, – der Fähigkeit des Dienstes, die immer dringenderen Anforderungen an den Dienst zu erfüllen . Wohltätigkeit ist also eine Pflicht, die auf Erwägungen der intrinsischen Fitness beruht.

Aber **Wohltätigkeit muss eine tatsächliche** und nicht nur formelle **Wohltat sein** . Einige der einfachsten und offensichtlichsten Formen der Versorgung oder Linderung sind dazu geeignet, die Übel, die sie anrichten, aufrechtzuerhalten, indem sie entweder die Selbstachtung zerstören, die Selbsthilfe entmutigen oder ihnen Immunität gegen geradezu bösartige Gewohnheiten gewähren. Die Tendenz instinktiver Freundlichkeit besteht darin, wahllos zu geben. Es kann jedoch nur sehr wenige Fälle geben, in denen dies nicht schädlich ist. Es unterstützt Bettler als anerkannte Klasse der Gesellschaft; und als solche sind sie schlimmer als nutzlos. Sie verlieren zwangsläufig jeglichen Sinn für die persönliche Würde; Sie bleiben unwissend oder werden unfähig zu allen Formen der regulären Industrie, und es ist ihnen unmöglich, Vereinigungen zu gründen, die anders als erniedrigend und korrumpierend sind.

Von ebenso schädlicher Tendenz sind die verschiedenen Arten der **Entschädigung auf Kosten der Öffentlichkeit** . Sie prägen ihren Begünstigten das unauslöschliche Zeichen des Pauperismus ein, der sich in zahlreichen Fällen erblich vererbt und in nicht wenigen Fällen über mehrere Generationen hinweg weitergegeben wird. Die Erfahrung hat gezeigt, dass eine Genesung aus einem solchen Abhängigkeitszustand äußerst selten ist, selbst bei jungen und starken Menschen, die, wenn sie durch private und wohlüberlegte Wohltätigkeit über den Stress der Not hinweggedrängt worden wären, bald wieder ihren Platz unter den sich selbst erhaltenden Mitgliedern eingenommen hätten der Gemeinschaft. Öffentliche Almosen sind zwar schädlich für ihre Empfänger, stellen für die Gesellschaft jedoch eine weitaus größere Belastung dar als private Wohltätigkeit. Dies ist zum Teil auf den durch das System geschaffenen permanenten Pauperismus zurückzuführen, zum Teil auf die Verschwendung, die öffentliche Ausgaben aller Art kennzeichnet. Mit besonderer Genehmigung des nationalen Gesetzgebers wurde in Glasgow unter der Leitung von Dr. Chalmers in einer der ärmsten Territorialgemeinden der Stadt mit einer Bevölkerung von zehn Einwohnern das Experiment versucht, die Entlastung aus der öffentlichen Kasse durch private Großzügigkeit zu ersetzen Tausend, und das Ergebnis war eine Ausgabe von kaum mehr als einem Drittel dessen, was unter gesetzlicher Autorität ausgegeben worden war. Gleichzeitig wurde den Armen und Notleidenden so viel treuer und freundlicher geholfen, dass es zu einem ständigen Überfluss der Armut aus den anderen Stadtteilen in diese kam. Wenn die öffentliche Wohltätigkeit gründlich systematisiert wird, unterliegt sie dem noch stärkeren Einwand, dass diejenigen, die in der Lage sind, Hilfe zu leisten, den Willen und die Fähigkeit zu wohlwollender Anstrengung verlieren, wenn sie aufhören, die Notwendigkeit zu spüren. Gäbe es jedoch keine öffentliche Versorgung für die Armen, gäbe es Fälle von Armut, Krankheit, Behinderung und geistiger Schwachsinnigkeit, die sich der privaten Wohltätigkeit entziehen würden, wie fleißig und großzügig sie auch sein mag. Es muss auch daran erinnert werden, dass die gleichen Ursachen gleichzeitig die Nachfrage nach wohltätiger Hilfe erhöhen und ihre Ressourcen lahmlegen können. So kann es sein, dass bei einer Feuersbrunst, einer Überschwemmung, einer Hungersnot oder einer Wirtschaftspanik, während die Bedrängnis der Not unter den Armen stark zunimmt, auch die Personen zu ihnen gehören, auf deren Wohltätigkeit sie sich unter normalen Umständen am meisten verlassen könnten die Hauptleidtragenden. So wird auch während der Verbreitung von Infektionskrankheiten ein großer Teil derjenigen, die es gewohnt sind, menschliche Dienste für die Leidenden zu leisten, durch ihre eigenen Ängste oder die ihrer Freunde von ihrem gewohnten Dienstfeld abgezogen. Darüber hinaus gibt es verschiedene Formen von Krankheiten und Gebrechen, die eine besondere Behandlung oder eine dauerhafte Unterbringung erfordern; Und obwohl Institutionen, die auf die Befriedigung dieser Bedürfnisse ausgerichtet sind, unter privater Schirmherrschaft klüger und wirtschaftlicher verwaltet werden als unter öffentlicher Schirmherrschaft, sollte der Staat niemals zulassen, dass sie aufgrund fehlender Subventionen aus privaten Quellen scheitern oder dahinsiechen. Der wünschenswerteste Zustand der Dinge ist zweifellos der – der in Frankreich am ehesten verwirklicht wird als in jedem anderen Land der Christenheit –, dass die Hilfe für die Armen und Leidenden in gewöhnlichen Fällen und die Verantwortung für wohltätige Institutionen weitgehend übernommen werden Einzelpersonen, Freiwilligenorganisationen sowie religiöse Bruderschaften und Schwesternschaften, während der Staat private Wohltätigkeitsorganisationen ergänzt und subventioniert, wenn sie sich als unzureichend für den Bedarf erweisen.

Die Anforderungen an Wohltätigkeit sind keineswegs erschöpft, wenn materielle Erleichterung und Hilfe gewährt wurden. Tatsächlich werden Almosen oft als Gegenleistung für persönliche Dienste gegeben. Aber die Manifestation und der Ausdruck von Mitgefühl können das Geschenk unermesslich wertvoller und wirksamer machen. Rücksichtsvolle Höflichkeit, Feingefühl und Sanftmut sind wesentliche Bestandteile der Wohltätigkeit. Es gibt nur sehr wenige, die so erniedrigt sind, dass sie sich nicht durch das, was kalt, widerwillig, überheblich oder tadelnd geschenkt wird, beleidigt und erniedrigt fühlen; während die nachdenkliche Zärtlichkeit, die niemals die Gefühle derer vergisst, die sie entlastet, Trost, Hoffnung und

Mut weckt, jede noch vorhandene Fähigkeit zur Selbsthilfe weckt und oft das Mittel ist, die Unglücklichen in die Lage zu versetzen, in der sie sich befinden gefallen.

Wohltätigkeit hat einen viel größeren Umfang als die bloße Hilfe für die Armen und Leidenden. Im täglichen Leben gibt es unzählige Gelegenheiten für Freundlichkeit, viele davon geringfügig, aber in ihrer Gesamtheit von einem Ausmaß, das sich jeder Berechnung entzieht. Es gibt kaum eine Transaktion, ein Interview, ein zufälliges Treffen am Straßenrand, bei dem es nicht in der Macht jedes Einzelnen liegt, in nennenswertem Maße zum Glück oder Unbehagen derer beizutragen, die er trifft oder mit denen er zusammen ist in eine wie auch immer vergängliche Beziehung gebracht. Bei all unseren Bewegungen unter unseren Mitmenschen ist es uns möglich, „Gutes zu tun". Was wir also tun können, müssen wir auch tun. Wir nehmen wahr und spüren, dass dies für uns als soziale und voneinander abhängige Wesen angemessen ist. Wir sind uns des Nutzens bewusst, der uns aus kleinen, namenlosen Aufmerksamkeiten und Höflichkeiten erwächst, oft nur durch Aussehen, Verhalten oder Stimme; und aus diesen Erfahrungen schließen wir, dass die Möglichkeit und daher die Pflicht zur Wohltätigkeit mit unserem gesamten sozialen Leben übereinstimmt.

Das **Maß der Wohltätigkeit** , das uns durch die heiligste Autorität vorgeschrieben wurde: „Alles, was ihr wollt, was die Menschen euch tun, das sollt ihr auch ihnen tun", muss nur erklärt werden, um als authentisch angenommen zu werden. Es liefert sowohl einen Maßstab für unsere Erwartungen als auch für unsere Pflichten. Wir haben das Recht, von anderen so viel Höflichkeit, Freundlichkeit und Service zu erwarten, wie wir uns verpflichtet fühlen würden, ihnen zu erweisen, wenn sie an unserer Stelle und wir an ihrer wären – eine Regel, die unsere Erwartungen oft erheblich schmälern würde Im gleichen Verhältnis mildern wir unsere Enttäuschungen und eingebildeten Kummer.

Es gibt noch einen weiteren biblischen Grundsatz: „ **Du sollst deinen Nächsten lieben wie dich selbst** " , der auf den ersten Blick undurchführbar erscheinen mag, der jedoch, wie wir bei näherer Betrachtung sehen werden, nicht nur eine mögliche Errungenschaft darstellt, sondern eine, die jeder erreichen möchte, der sich von Herzen wünscht und die Liebe, Gutes zu tun, tendieren dazu. Zugegebenermaßen gibt es verschiedene Bedingungen, unter denen Menschen andere so gut wie sich selbst oder noch besser lieben. Was können wir sonst noch von der Liebe der Mutter zu ihrem Kind sagen, für dessen Wohlergehen sie jedes erdenkliche Opfer bringen würde, ja, wenn es nötig wäre, das Leben selbst aufgeben würde? Haben wir nicht manchmal auch eine ebenso umfassende und selbstvergessene kindliche Hingabe erlebt?

Es fehlt auch nicht an Beispielen, in denen Brüder und Schwestern oder Freunde, die keine Blutsverwandtschaft hatten, durch unverkennbare Taten und Leiden gezeigt haben, dass ihre Liebe zueinander ihrer Selbstliebe mindestens ebenbürtig war. Dieselbe Liebe für andere wie für sich selbst zeigt der hingebungsvolle Patriot, der praktische Philanthrop und der christliche Missionar. Dafür gibt es in der Humanitätstheorie, die Teil unserer gewohnten religiösen Äußerungen ist, reichlichen Grund. Wir nennen unsere Mitmenschen unsere Brüder, als Kinder desselben Vaters. Soweit es sich bei Aussagen wie diesen um Gefühle und nicht um bloße Worte handelt, müssen in unseren Gefühlen und unserem Verhalten gegenüber und für unsere Mitmenschen im Allgemeinen eine Freundlichkeit, Nachsicht, Selbstvergessenheit und Selbstaufopferung vorhanden sein, ähnlich der, die wir haben: gegenüber unserer nächsten Verwandtschaft würden wir uns nicht als unfähig eingestehen. Hierbei muss berücksichtigt werden, dass die Gebote des Christentums die Vollkommenheit darstellen, die unser ständiges Ziel und unser einziges Ziel sein sollte, und nicht die Stufe des Erreichens, von der wir wissen, dass wir sie erreicht haben oder die wir mit geringem Aufwand erreichen können.

die Feindesliebe ist uns von Jesus Christus auferlegt worden. Ist das möglich? Warum nicht? Es gibt Fälle, in denen die nächsten Verwandten die schlimmsten Feinde eines Menschen sind; und wir kennen Fälle, in denen die Liebe diese härteste aller Prüfungen überstanden hat. Wäre die christliche Idee der universellen Brüderlichkeit ein tiefes Gefühl, würde sie nicht durch Feindschaft ausgelöscht werden, wie bitter sie auch sein mag. Feindseligkeit uns selbst gegenüber muss sich nicht auf unsere Einschätzung der tatsächlichen Verdienste oder Ansprüche einer Person auswirken. Wenn wir nicht schlechter über einen Menschen denken sollten, weil er der Feind eines anderen war, warum sollten wir dann schlechter über ihn denken, weil er unser Feind ist? Möglicherweise hat er unseren Charakter und unsere Dispositionen falsch verstanden; Und wenn ja, ist er dafür mehr verantwortlich als für jeden anderen Fehler? Oder wenn er andererseits einen triftigen Grund hat, uns nicht zu mögen, sollten wir entweder den Grund beseitigen oder uns der Abneigung unterwerfen, ohne uns dadurch gekränkt zu fühlen. Auf jeden Fall können wir dem Gebot gehorchen: „Tu denen Gutes, die dich hassen." und dies ist der einzige Weg, und ein fast unfehlbarer Weg, auf dem die Feindschaft überwunden und durch Beziehungen der gegenseitigen Güte und Freundschaft ersetzt werden kann.

Kapitel XI.

Kraft; Oder Pflichten in Bezug auf unvermeidbare Übel und Leiden.

In fast jeder längeren menschlichen Erfahrung gibt es **Entbehrungen und Leiden zu ertragen, Enttäuschungen zu ertragen, Hindernisse und Schwierigkeiten zu überwinden und zu überwinden** . Aus welcher Quelle auch immer diese Elemente der Erfahrung stammen, selbst wenn sie aus blindem Zufall oder aus *dem Schicksal* (was die *Äußerung* oder Anordnung willkürlicher und unverantwortlicher Macht bedeutet) stammen, der starke Mann wird sich darauf vorbereiten, sie zu ertragen; der weise Mann wird sein Verhalten nach ihnen gestalten; der Mann mit der erhabenen Seele wird sich über sie erheben. Aber die Stimmung, in der sie ertragen, nachgegeben oder überwunden werden, muss von dem Glauben an sie abhängen. Wenn sie als tatsächliche Übel angesehen werden, werden sie wahrscheinlich mit Missmut ertragen, mit Trotz und Verachtung unterworfen oder mit Stolz und Selbstüberschätzung überwunden. Sogar in den Schriften der späteren Stoiker, die reich an erbaulichen Lehren über Standhaftigkeit und Mut in Prüfungen sind, gibt es einen Unterton des Trotzes, als ob der Leidende mit einer feindlichen Macht kämpfen würde, und eine ständige Tendenz, die Energie zu preisen und fast zu vergöttlichen der Seele, die der gute Mann im Kampf mit einem harten Schicksal zeigt. Wenn andererseits physische Übel als weise und gütige Errungenschaften der göttlichen Liebe und Vaterschaft betrachtet werden, ist der Geist, in dem sie ertragen und bekämpft werden, von Zärtlichkeit, Sanftmut, Demut, Vertrauen und Hoffnung geprägt. In dieser Hinsicht ist es lehrreich, abwechselnd die Stoiker und den heiligen Paulus zu lesen und ihre großmütige, aber grimmige und strenge Resignation dem jubelnden Ton gegenüberzustellen, in dem er hundertmal und mit einer großen Vielfalt fröhlicher Äußerungen sprach wiederholt das in diesen Worten enthaltene Gefühl: „So traurig und doch immer frohlockend." Da es sich bei uns um eine christliche Theorie über die (sogenannten) Übel des menschlichen Lebens handelt, werden wir sie in unserer Behandlung der verschiedenen Tugenden anerkennen, die unter dem allgemeinen Titel „Stärke" zusammengefasst werden.

Abschnitt I.

Geduld. [16]

Geduld ist von uns nur bei unvermeidlichen Leiden oder Nöten oder solchen, die bei der Erfüllung offenkundiger Pflichten oder zum Wohle unserer Mitmenschen entstehen, Pflicht. Unnötige Leiden oder Entbehrungen müssen wir meiden oder ihnen entkommen, nicht aber sie ertragen. Die Vorsicht und Voraussicht, mit denen sie umgangen werden können, nehmen einen wesentlichen Platz unter den Pflichten der Klugheit ein. Auch die Vernunft oder die Religion genehmigen keine selbst auferlegten Lasten oder Nöte jeglicher Art, sei es als Buße für Fehlverhalten, als Mittel zum Erwerb göttlicher Gunst oder als Form spiritueller Disziplin.

Geduld bedeutet **Gelassenheit, Fröhlichkeit und Hoffnung** unter Belastungen und Prüfungen. Es muss von Apathie unterschieden werden, die ein Temperament und keine Tugend ist. Es gibt Menschen, deren Sensibilität so geschwächt ist, dass sie nicht in der Lage sind, heftig zu leiden und tiefe und dauerhafte Trauer zu empfinden. Wir können dies kaum als wünschenswertes Temperament bezeichnen; denn seine Fähigkeit, Freude zu bereiten, ist ebenso mangelhaft, und da es in fast jedem Leben mehr Glück als Elend gibt, ist derjenige, dessen Empfänglichkeit sowohl für Schmerz als auch für Vergnügen schnell und stark ist, im Großen und Ganzen der Gewinner. Die Gelassenheit der Geduld erfordert starke Selbstbeherrschung. Zuallererst ist es wichtig, die äußeren Anzeichen von Schmerz und Trauer zu kontrollieren und so weit wie möglich zu unterdrücken. Sie vertiefen, wie alle Ausdrucksformen, das Gefühl, das sie ausdrücken; während eine feste und in sich geschlossene Haltung die Standhaftigkeit verstärkt, die sie anzeigt. Es muss auch Kontrolle über die Gedanken ausgeübt werden, damit sie von der schmerzhaften Erfahrung abstrahiert und auf Themen angewendet werden, die sie erfüllen und beanspruchen. Geistiger Fleiß ist die beste Linderung, die bloße Philosophie gegen Schmerz und Kummer bietet; und obwohl es sich sicherlich nicht um ein Heilmittel handelt, verfehlt es doch nie seinen Nutzen als Linderungsmittel. Selbst wenn körperliche Not oder Gebrechen ein kontinuierliches Nachdenken unmöglich machen, kann die Anstrengung der Erinnerung oder die Beschäftigung des Geistes mit Dingen, die zu trivial sind, als dass sie gesund ausgeübt werden könnten, die Müdigkeit lindern und den Stress des Leidens lindern. Man dürfe auch solche Vorrichtungen nicht als unwürdig erachten, nicht einmal unter den Pflichten; denn sie sind oft wesentliche Mittel zur Erreichung höchster Ziele. Sie behaupten und bewahren die rechtmäßige Vorherrschaft des Geistes über den Körper; Sie ersetzen das krankhafte Grübeln über schmerzhafte Erfahrungen, das entweder Melancholie oder Misstrauen hervorruft; und sie lassen in der moralischen Natur einen ungehinderten Zugang zu allen beruhigenden und erhebenden Einflüssen.

Fröhlichkeit im Ertragen von Schmerz und Not muss zu einem großen Teil aus dem Glauben resultieren. Wenn ich mich als unwiderstehlich einer automatischen Natur unterworfen betrachte, deren Räder mich jeden Moment zerquetschen oder zerquetschen können, weiß ich nicht, warum oder wie ich fröhlich sein könnte, selbst bei so prekärer Gesundheit oder Wohlstand, die mir zufallen könnten; und mein schlechtes Schicksal konnte sicherlich keinen beruhigenden Aspekt haben. Aber wenn ich glaube, dass es unter einer väterlichen Vorsehung kein Leiden ohne ihren Dienst der Barmherzigkeit geben kann, keinen Verlust ohne den größeren Gewinn, den ich erreichen und anstreben kann, keine Not ohne den daraus resultierenden Nutzen in meinem inneren Wachstum und meiner Energie, dann kann ich es ertragen und ertragen Ich bewältige die unvermeidlichen Lasten dieses irdischen Lebens im gleichen Sinne, in dem ich oft Lasten auf mich nehme, die mir nicht von außen auferlegt werden, um des überaus überwiegenden Nutzens willen, den ich daraus zu ziehen hoffe. Aber wenn ich diesen Glauben an eine gütige Vorsehung habe, die mich nicht nutzlos quälen wird, bin ich verpflichtet, meinen Glauben, wenn er real ist, in Zeiten des Schmerzes, des Verlustes oder der Trauer nicht untätig bleiben zu lassen. Ich bin gezwungen, über meinen sicheren Glauben und über die Beweise dafür nachzudenken, die sich aus meiner früheren Erfahrung ergeben mögen, damit er meinem Zustand seine Farbe, meinen Gedanken seinen Ton und dem gesamten Strom meiner Gefühle seine Richtung verleiht und Gefühl. So möge das Ausharren nicht nur ruhig, sondern auch fröhlich sein, weil es von der Überzeugung durchdrungen ist, dass im Kern von allem, was böse erscheint, substanziell Gutes steckt.

Dennoch lässt sich nicht leugnen, dass es lebenslange Belastungen und Trauer gibt – unheilbare Krankheiten, unwiederbringliche Verluste, Trauer, die niemals aufhören werden zu spüren und nicht ersetzt werden können. Besonders in fortgeschrittenen Jahren gibt es Gebrechen, Behinderungen und Entbehrungen, die auf keinen Fall zu einem entsprechenden Ertrag führen können wie das, was sie uns nehmen; Denn im Alter ist das Charakterwachstum zu langsam, um das Opfer wert zu sein, das im früheren Leben durch das Bewusstsein spiritueller Erweiterung und Steigerung mehr als ausgeglichen werden kann. Wie sollen diese Lasten fröhlich getragen werden? Sie können es nicht, es sei denn, sie werden auch hoffnungsvoll ertragen. Wenn aber dem Glauben über das irdische Leben hinaus eine Zukunft geboten wird, deren Übergang durch Verlust und Kummer hier erleichtert werden soll; wenn Familien dazu da sind, wieder vereint zu werden und Lücken in den Zuneigungen wieder gefüllt werden; Wenn würdige Hoffnungen, die scheinbar enttäuscht wurden, nur aufgeschoben werden, um eine reichere und glücklichere Erfüllung zu erreichen, dann gibt es in dieser Zukunft unerschöpfliche Kraft für Trost und Unterstützung angesichts dessen, was hier ertragen werden muss. Im Hinblick auf vollkommenes und ewiges Glück muss die irdische Prüfung leicht und vorübergehend erscheinen; und so wird die Hoffnung, die einen unendlichen Bereich des Seins ergreift, zu Hilfsmitteln für die täglichen Bedürfnisse der Geprüften, Leidenden, Geplagten und Gebeugten und verleiht der Geduld ein Element, ohne das sie nicht vervollkommnet werden kann.

Abschnitt II.

Vorlage.

Es gibt scheinbar ungünstige Ereignisse, die an sich vergänglich sind und kein dauerhaftes Unbehagen hervorrufen, die aber das Aufgeben liebgewonnener Erwartungen, möglicherweise die Änderung von Lieblingsplänen, das lebenslange Aufgeben von Zielen und Hoffnungen erfordern der vorderste Platz in der erwarteten Zukunft. Hier ist eine Art Unterwerfung eine Notwendigkeit. Aber die Unterwerfung kann mürrisch und klagend sein; es kann bitter und nachtragend sein; es kann streng und starr sein. Nur im letzten dieser Typen kann es einen Anschein von Tugend geben; und Letzteres kann nur dann tugendhaft sein, wenn unvermeidliche Ereignisse dem Schicksal und nicht der Vorsehung zugeschrieben werden. Aber wenn eine weise und gütige Vorsehung die menschlichen Angelegenheiten lenkt, sind ihre Beschlüsse unser Leitfaden. Gerade die Ereignisse, die uns eindämmen, markieren unseren Weg. Der Baum, dessen Wachstum aufgehalten wird, breitet seine Zweige aus; Was in seiner seitlichen Ausdehnung umschrieben wird, erreicht die größere Höhe. Die Ranken der Rebe lassen sich von den Hindernissen leiten, die ihnen im Weg stehen. So schreiben im menschlichen Leben unüberwindbare Barrieren in einer Richtung Ziele und Bestrebungen in einer anderen Richtung vor. Die Dinge, die wir nicht tun können, bestimmen die Dinge, die wir tun sollten. Das behinderte Wachstum muss einem Wachstum anderer Art weichen, das für uns zweifellos gesünder, unseren Fähigkeiten entsprechender und unserem wahren Wohlbefinden förderlicher ist. Scheinbare Hindernisse können Stützen sein, die unseren aktiven Kräften die bestmögliche Richtung geben und so unsere Wünsche und Zuneigungen so schulen, dass sie zu höherem Glück und substanziellerem Wohl führen, als es sonst möglich gewesen wäre.

Unterwerfung muss also **auf Glauben beruhen** . Das Unvermeidliche muss für uns die Ernennung zur Allwissenden Liebe sein. In unserer Kindheit gingen die Verhaltensregeln und die Disziplin, die uns am wenigsten gefielen, oft auf die klügsten Ratschläge zurück, und mit der Zeit akzeptierten wir sie als vernünftig und freundlich, auch wenn wir sie im Nachhinein anders nicht gehabt hätten. So wenig wir damals wussten, was für unser Wohlergehen in der näheren Zukunft am besten ist, wissen wir jetzt vielleicht, was für uns in einer fernen Zukunft am besten ist, sei es in der Gegenwart oder in einem höheren Seinszustand. Alles, was uns bleibt, ist die freudige und hoffnungsvolle Zustimmung in einer Weisheit, die nicht irren kann, in einer Liebe, die nur das Beste wollen kann, zu dem wir fähig sind.

Unterwerfung ist nicht nur eine passive, sondern gleichermaßen **eine aktive Tugend** . Unvermeidliche Ereignisse erlegen zwingende Pflichten auf. In der Richtung, die sie aufzeigen, gibt es Arbeit für uns: Selbstkultur, Freundlichkeit, Nächstenliebe. Unsere Charaktere können nicht dadurch entwickelt werden, dass wir scheinbaren Unglücksfällen, wie fröhlich sie auch sein mögen, nachgeben, sondern indem wir die Möglichkeiten nutzen, die sie uns bieten, anstelle der Möglichkeiten, die sie uns vorenthalten haben. Wenn uns der Weg, den wir ursprünglich gewählt hatten, verwehrt wird, sollen wir nicht still stehen, sondern mit größerer Sorgfalt auf dem Weg weitergehen, der uns so eröffnet wird. Wenn der äußere Erfolg gestoppt und rückgängig gemacht wird, gibt es nur einen weiteren Grund, die Grundpfeiler unseres inneren Wesens zu verbessern. Wenn diejenigen, die uns am liebsten sind, außerhalb der Reichweite unserer guten Dienste sind, gibt es die Entlegeneren, die durch unsere Wohltätigkeit nähergebracht und zu unseren gemacht werden können. Wenn unser irdisches Leben trostlos wird, können die so ans Licht gebrachten Gefühle, Hoffnungen und Ziele durch unseren spirituellen Fleiß und unsere Sparsamkeit in den Himmel getragen werden. All dies ist in voller Unterwerfung unter den Willen der göttlichen Vorsehung enthalten; Denn dieser Wille ist nicht unser Verlust, unsere Enttäuschung oder unser Leiden, sondern unser Wachstum durch ihn in der Menge an geistigem und spirituellem Leben, in der Fähigkeit zur Pflichterfüllung und in der Macht zum Nutzen.

Abschnitt III.

Mut.

Geduld ist, wie der Name schon sagt, eine passive Eigenschaft; Unterwerfung verbindet das Passive und das Aktive; während **Mut** ist in erster Linie eine aktive Tugend. Geduld gibt sich mit dem ab, was ertragen muss; Unterwerfung passt sich dem an, was sie gerne tun würde, kann es aber nicht umkehren; Mut widersteht dem, dem er nicht ausweichen kann, überwindet das, was er nicht beseitigen kann, und lehnt keinen Konflikt ab, an dem er sich ehrenhaft beteiligen kann. Es ist offensichtlich, dass die Anlässe für diese Tugenden sehr unterschiedlich sind. Geduld hat ihren Platz, wo ruhige und fröhliche Ausdauer die einzige Ressource ist; Unterwerfung, bei der eine freiwillige Selbstanpassung an veränderte Umstände erfolgen muss; Mut, wo Böses droht, das durch große Anstrengung abgewendet, gemildert oder unterdrückt werden kann.

Mut ist nur dann eine Tugend, wenn er notwendig ist. Es hat keinen Sinn, die Gefahr zu suchen, Widerstand zu erregen oder Feindseligkeit zu wecken. Tatsächlich geht ein Verhalten dieser Art häufiger von Personen aus, die sich selbst als Feiglinge kennen und fürchten, als solche angesehen zu werden, als von Personen, die tatsächlich über Mut verfügen. Aber es gibt Gefahren, Begegnungen, Feindschaften, die auf keinen Fall vermieden werden können, und es gibt andere, die nur durch die Opferung von Grundsätzen oder durch den Verzicht auf Möglichkeiten, Gutes zu tun, vermieden werden können und die daher einem tugendhaften Menschen zugute kommen Mann sind unvermeidlich.

Der gemeinhin so genannte **physische Mut**, der bei drohender Gefahr oder im bewaffneten Konflikt mit Feinden schnell und furchtlos zur Schau steht, kann eine Tugend sein oder auch nicht. Es kann einem Geist entspringen, der zu oberflächlich und leichtsinnig ist, um den Wert des Lebens oder das Ausmaß der Gefahr, die ihm droht, einzuschätzen; es kann, wie so oft im Fall erfahrener Soldaten, das Ergebnis von Disziplin ohne die Hilfe von Prinzipien sein; Oder es hängt ganz von intensiver und fesselnder Aufregung ab, so dass derjenige, der furchtlos an der Spitze einer verlorenen Hoffnung marschiert, vor einem einsamen Feind zittern könnte. Aber wenn jemand angesichts der Gefahr gleichzeitig ruhig und entschlossen, gefasst und standhaft, vorsichtig und mutig ist, sich dessen voll bewusst ist, was ihm bevorsteht, und unerschütterlich mutig ist, ihm zu begegnen, dann ist solcher Mut eine hohe Moral Erreichung. Seine sicherste Quelle ist das Vertrauen in die göttliche Vorsehung – die feste Überzeugung, dass das Unvermeidliche nicht anders sein kann als ein gütiger Zweck und Dienst, auch wenn dieser Zweck nur in einem höheren Seinszustand entwickelt und dieser Dienst ausgeführt werden kann. Zu diesem Glauben muss ein starkes Gefühl der eigenen Männlichkeit und seiner Überlegenheit aufgrund dieser Männlichkeit gegenüber allen äußeren Umgebungen und Ereignissen hinzugefügt werden. Wir sind uns einer rechtmäßigen Vorherrschaft über die äußere Welt bewusst und halten es für unwürdig, ohne mörderischen Widerstand irgendeiner Kraft zu erliegen, von der wir angegriffen werden könnten, sei es eine Naturgewalt oder ein unrechtmäßiger Angriff eines Mitmenschen . Es ist die Anwesenheit dieses Bewusstseins, die unsere Bewunderung für alles echte Heldentum weckt, und die Abwesenheit davon im Moment der Not, die Feigheit verächtlich macht.

Es ist **moralischer Mut** erforderlich, um unseren legitimen Lebensweg zu verfolgen oder unsere offensichtliche Pflicht zu erfüllen, ungeachtet der Engpässe, Hindernisse und Hindernisse, denen die Schwachen und Ängstlichen nur nachgeben konnten. Die Grundelemente dieser Art von Mut sind genau die gleichen, die im Umgang mit körperlicher Gefahr benötigt werden. In beiden Fällen ist es gleichermaßen unmännlich, nachzugeben, bis wir bis zum Äußersten Widerstand geleistet haben. Aber während körperlicher Mut bestenfalls unsere Sicherheit gewährleisten kann, trägt moralischer Mut wesentlich zur geistigen und charakterlichen Entwicklung bei; und je größer die Gelegenheit zu seiner Ausübung ist, desto größer wird die Masse des Geistes, die Quantität des Charakters, die Kraft der Pflicht und der Nützlichkeit sein. Engpässe erschließen reichhaltigere Ressourcen, als sie zur Verfügung stellen. Hindernisse fördern die Härte des Geistes im Kampf gegen sie oder im Bemühen, sie zu neutralisieren. Wenn man Hindernisse überwindet, erreicht man eine höhere Position, als man auf einem freien Weg erreichen könnte. Die Schule der Schwierigkeit ist diejenige, in der wir unsere effizienteste Ausbildung für herausragende Leistungen absolvieren, sei es in Bezug auf Fähigkeiten oder moralische Exzellenz. Was als unvermeidbares Übel gilt, ist, wenn man ihm mit Mut begegnet, nur Nutzen und Segen, insofern es die härteren Muskeln und Sehnen des inneren Menschen zu voller und kräftiger Übung bringt, um die Kraft mit ihnen zu messen oder sich über sie zu erheben.

Es braucht Mut zum **Bekenntnis und zur Aufrechterhaltung des Wahren und Rechten** , wenn es verleugnet, angegriffen oder verunglimpft wird. Gemeinschaften stimmen nie mit der Entwicklung der Meinung überein. Es gibt immer Pioniergeister und -gewissen; und die Männer, die ihrer Zeit voraus sind, müssen mindestens mit Schmähungen konfrontiert werden, oft mit Verfolgung, Verlust, Not, manchmal auch mit rechtlichen Strafen und Behinderungen. Unter solchen Umständen gibt es zweifellos viel mehr, die innerlich die unpopuläre Wahrheit oder das umstrittene Recht anerkennen, als diejenigen, die bereit sind, ihren Glauben zu bekennen und zu verteidigen. Viele haben Angst vor falschen Äußerungen oder trügerischem Schweigen. Aber es muss in solchen Köpfen eine bewusste Verlogenheit geben, die für ihre eigene Selbstachtung tödlich und in höchstem Maße schädlich für ihr moralisches Selbstsein ist. Es erfordert und fördert gleichzeitig wahre Seelengröße, um der Strömung der allgemeinen Meinung standzuhalten, sich den Vorurteilen der Bevölkerung zu widersetzen, sich selbst „ohne Ruf" zu machen , um seine Integrität unbeeinträchtigt zu bewahren. Deshalb kommt es im Laufe der Zeit dazu, dass gerade die Männer, denen die geringste Wertschätzung entgegengebracht wurde, im allgemeinen Ansehen zu einer herausragenden Stellung aufsteigen, manchmal schon zu Lebzeiten, oft schon bei einer nachfolgenden Generation. Als Märtyrer ihrer Zeit erhalten sie die Krone des Märtyrertums, wenn das Werk, das sie begonnen haben, vollendet ist. Die Geschichte aller großen Reformen, die aufeinanderfolgende Epochen im moralischen Fortschritt der Christenheit darstellten, ist voller Namen, die einst entehrt wurden und heute zu den bedeutendsten ihrer Art zählen.

Diese Art von Mut wurde in weniger aufgeklärten Zeiten als unserem eigenen durch diejenigen berühmt, **die ihr Leben geopfert haben, anstatt Überzeugungen zu leugnen oder zu unterdrücken,** die sie für lebenswichtig hielten. Es ist kaum zu erwarten, dass die zivilisierte Welt so weit in die Barbarei versinken wird, dass die Todesflamme der Verfolgung erneut entzündet wird; Es kann jedoch fraglich sein, ob das chronische Opfern all dessen, was die Menschen im Leben am meisten wünschen, weniger Heldentum erfordert oder zum Ausdruck bringt als in früheren Zeiten, das Opfer für die Arena oder den Scheiterhaufen lieferte.

In der moralischen Hierarchie ist der erste Rang wahrscheinlich **dem Mut zu verdanken, der mühsame und gefährliche philanthropische Unternehmungen inspiriert und aufrechterhält** . Der Märtyrer der Meinung leidet oder stirbt lieber, als seine Seele mit der positiven Schuld der Unwahrheit zu beflecken; während der Philanthrop der Mühe und der Gefahr ausweichen könnte, ohne tatsächlich eine Sünde zu begehen oder sich der Kritik oder Missbilligung von Gott oder Menschen auszusetzen. Im ersteren Fall werden Härten oder Gefahren durch die empfundene Notwendigkeit der Selbstachtung unvermeidlich gemacht; im letzteren Fall durch die Dringlichkeit einer Liebe zum Menschen, die der Liebe zu sich selbst gleichkommt oder dieser überlegen ist. Als Beispiele für diese höchste Art von Mut mag es genügen, Howard zu nennen, dessen Bemühungen um eine Gefängnisreform bekanntlich unter dem bekannten Risiko und auf Kosten seines Lebens erfolgten; Florence Nightingale und die von ihr ins Leben gerufene edle Schwesternschaft, die alle unbefleckten und unbestrittenen Lorbeeren der jüngsten Kriege auf beiden Seiten des Atlantiks gewonnen hat; und die christlichen Missionare zu wilden Stämmen und in pestilenten Klimazonen, die oft mit einem ebenso klaren Bewusstsein der tödlichen Gefahr an ihre Arbeit gingen, als wären sie auf dem Weg zu einem Schlachtfeld.

Kapitel XII.

Befehl; Oder Pflichten in Bezug auf Objekte, die unter der eigenen Kontrolle stehen.

Es gibt viele Pflichten, die selbst definiert und selbst begrenzt sind. Daher beinhalten die gewöhnlichen Rechtsakte und viele Wohltätigkeitsorganisationen des täglichen Lebens die Festlegung von Zeit, Ort und Maß. Es gibt andere Pflichten mit gleicher Verpflichtung, die hinsichtlich dieser Einzelheiten große Unterschiede zulassen, die jedoch nur dann am würdigsten und effizientesten erfüllt werden können, wenn auf sie Bezug genommen wird. Es gibt auch viele an sich moralisch indifferente Handlungen, die allein aus einer oder mehreren dieser Einzelheiten ihren moralischen Charakter als richtig oder falsch erhalten. Daher können Freizeitbeschäftigungen, die am Samstag harmlos und angemessen sind, mit den Sitten und Gebräuchen des Sonntags unvereinbar sein; Gespräche und Verhaltensweisen, die dem Rückzug zu Hause vollkommen angemessen sind, können an einem Ort öffentlicher Begegnungen zu Recht beleidigend sein. oder es liegt möglicherweise eine große Schuld im übermäßigen Gebrauch dessen, was in Maßen tadellos, angemessen und heilsam ist.

Abschnitt I.

Zeit.

Für ein Lebenswerk ist eine Lebenszeit nicht zu lang. Daher ist eine sorgfältige Ökonomie der Zeit angemessen und deshalb auch Pflicht. Diese Ökonomie kann nur durch eine systematische Anordnung der Arbeits-, Entspannungs- und Ruhezeiten sowie durch die Zuweisung ihrer angemessenen Nutzung zu aufeinanderfolgenden Abschnitten des Tages, der Woche oder des Jahres sichergestellt werden. Die Zeitverschwendung, selbst von einem fleißigen Mann, der in seinem Gewerbe weder Methode noch Ordnung kennt, hat einen sehr großen Anteil an der gewinnbringend eingesetzten Zeit. Bei dem unnötig häufigen Wechsel der Beschäftigungen kommt es an jedem Anfang und Ende zu einem Verlust der Arbeitskraft, der weder mit voller Geschwindigkeit in eine neue Karriere starten noch sich ohne vorheriges Nachlassen aufhalten kann. Diese Verschwendung wird durch die Ungewissheit oder das Schwanken der Zielstrebigkeit derer noch verstärkt, die nicht nur keine festen Pläne für den Fleiß haben, sondern oft auch nicht wissen, was sie tun sollen, oder dazu neigen, sich, sobald sie auf eine Weise beschäftigt sind, unwohl zu fühlen unwiderstehlich in eine andere Richtung gezogen.

Aber bei der Verteilung der Zeit **sollte der Mensch der Herr und nicht der Sklave seines Systems sein** . Die reguläre Arbeit und die eigentliche Pflicht des Augenblicks stimmen nicht immer überein. Die gebührende Sorge um die Gesundheit, die Möglichkeit zu verdienter und notwendiger Erholung, der Anspruch auf Nächstenliebe, Höflichkeit und Gastfreundschaft, kurz gesagt, die unmittelbare Dringlichkeit einer persönlichen, persönlichen oder gottbezogenen Pflicht sollten immer Vorrang vor routinemäßiger Arbeit haben, wie klug sie auch geplant sein mag . Hartnäckiges Festhalten am System kann zu mehr und größeren kriminellen Pflichtverletzungen führen, als es passieren würde, selbst in der krampfhaften Industrie, die ihre Impulse aus dem vergänglichen Moment bezieht. Es muss daran erinnert werden, dass Pünktlichkeit bei vielen Dingen, die getan werden sollten, das wesentliche Element von Recht und Pflicht ist, insbesondere bei allen Formen der Wohltätigkeit, sowohl bei großen Diensten als auch bei den geringeren Annehmlichkeiten und Freundlichkeiten, die so viel zum Charme beitragen Gesellschaft und das Glück des häuslichen Lebens. Es gibt viele gute Dienste, die, wenn sie zu spät erledigt werden, besser unterlassen werden sollten – Höflichkeiten, die, wenn sie aufgeschoben werden, Unhöflichkeiten sind – Aufmerksamkeiten, die, wenn sie nicht zur rechten Zeit passen, unnötig und ermüdend sind.

Jeder Tag, jede wache Stunde hat ihre eigene Pflicht , entweder ihre besondere Arbeit oder den ihr zustehenden Teil der normalen Lebensaufgabe. Aufschieben ist daher ebenso unklug wie unmoralisch, oder besser gesagt, es ist unmoralisch, weil es unklug und unangemessen ist. Der Morgen hat seine eigenen angemessenen Pflichten; und wenn man die Arbeit des heutigen Tages dazurechnet, übersteigt die Zusammenfassung der guten Arbeit zweier Tage in einem einzigen die gewöhnliche Fähigkeit. Die Folge ist entweder, dass die Arbeiten beider Tage unvollkommen ausgeführt werden, oder dass ein Teil dessen, was eigentlich dem Morgen gehört, weiter verschoben wird und die Pflichtstörung chronisch wird. So gibt es Menschen, die mit ihren Verpflichtungen und Beschäftigungen immer im Rückstand sind, sozusagen auf der Jagd nach Pflichten, die sie nie aus den Augen verlieren und die sie nie überholen.

Kaum weniger schwerwiegend, wenn auch seltener, **ist der Fehler derer, die ihre Pflicht vorwegnehmen** und heute tun, was sie morgen tun sollten. Das so erwartete Werk kann überholt oder unter besseren Bedingungen und mit weniger Hindernissen zu gegebener Zeit durchgeführt werden; während es kaum umhin kann, die angemessene Beschäftigung oder die gebührende Entspannung des Tages zu beeinträchtigen. Darüber hinaus ist die Gewohnheit, die Arbeit auf diese Weise vorzeitig zu verrichten, Ausdruck und Verstärkung einer unruhigen, selbstmisstrauischen Geisteshaltung, die einer energischen Anstrengung und vor allem dem stillen Genuss der nötigen Ruhe und Erholung abträglich ist. Es gibt diejenigen, die ständig von den vorhergesagten Schatten heimgesucht werden, nicht nur von festen, sondern auch von zufälligen Verpflichtungen und Pflichten – Schatten, die im Allgemeinen größer sind als die Substanz und oft völlig ohne Substanz sind.

Pünktlichkeit [17] bezeichnet die peinlichste Präzision in Bezug auf die Zeit – Genauigkeit auf einen Moment bei der Einhaltung aller Zeiten, die festgelegt oder vereinbart werden können. In Angelegenheiten, mit denen wir allein befasst sind, haben wir zweifellos das Recht und können diese oft sehr angemessen ausüben. So kann die Uhr bei der Gestaltung unserer eigenen Beschäftigungen unseren Fleiß messen und lenken, ohne uns durch ihren Schlag zu binden. Es ist oft von größerer Bedeutung, dass wir etwas zu Ende bringen, was fast erledigt ist, als dass wir unsere Arbeit ändern, weil die übliche Stunde für eine Veränderung gekommen ist. Aber gegenüber anderen ist strenge Pünktlichkeit eine zwingende Pflicht. Ein fester Termin für eine Versammlung, eine Ausschuss- oder Stiftungsratssitzung oder ein Geschäftsgespräch ist ein virtueller Vertrag, den alle Beteiligten miteinander eingehen, und es gelten die strengen Regeln, die für Verträge aller Art gelten Hier. Unpünktlichkeit ist Unehrlichkeit. Dabei geht es um den Diebstahl von Zeit, die für manche Menschen Geld wert ist, für andere mehr als Geld. Es sollte uns nicht überraschen, wenn sich herausstellt, dass jemand, der in dieser Angelegenheit vorsätzlich oder gewohnheitsmäßig fahrlässig ist, andere und noch zwingendere Verpflichtungen außer Acht lässt; denn die Trägheit des Gewissens und das unklare Rechtsempfinden, die durch die häufige Verletzung virtueller Zeitverträge deutlich werden, zeugen von einem Charakter, der zu schwach ist, um seine Integrität gegen jede starke Versuchung zu bewahren.

Abschnitt II.

Ort.

Die abgedroschene Maxime „ **Ein Platz für alles und alles an seinem Platz"** empfiehlt sich so sehr für das Fitnessgefühl, dass es kaum einer Darlegung oder Durchsetzung bedarf; Doch obwohl keine Maxime allgemeiner anerkannt ist, wird kaum eine in der Praxis so häufig verletzt. Im Dienst vermischen sich die Elemente Zeit und Ort aufs Engste. Vorhandene Unordnung erzeugt mit der Zeit Verwirrung. Das Objekt, das fehl am Platz ist, kann nur durch Zeitverschwendung gefunden werden; und die treueste Industrie verliert einen großen Teil ihres Wertes, wenn ihre Materialien dort fehlen, wo sie sein sollten, und nach ihnen gesucht werden müssen, wo sie nicht sein sollten.

Abgesehen von Zweckmäßigkeitserwägungen ist Ordnung eine ästhetische Pflicht. Es wird benötigt, um den Sinn für Schönheit zu befriedigen. Sein Verstoß beleidigt das Auge und beleidigt den Geschmack. Die ästhetische Natur verlangt und beansprucht Kultur. Dafür ist in der äußeren Natur reichlich gesorgt ; aber ein so großer Teil des Lebens muss, zumindest in einem Klima wie unserem, innerhalb von Türen stattfinden, dass es verhungert und in den Schatten gestellt wird, wenn nicht in den inneren Anordnungen ein schwacher Anschein der Symmetrie und Harmonie des Universums vorhanden wäre. Um dies zu erreichen, bedarf es weder einer Fülle noch einer hohen Materialkosten. Ein französischer Mann oder eine französische Frau wird das Auge zu einem Preis betören, der in England durch bloße und erbärmliche Armut repräsentiert würde. Ein Pariser Schaufenster wird mit Waren im Wert von ein paar Francs eine Ausstellung künstlerischer Schönheit veranstalten, die selbst die anspruchsvollste Kritik herausfordern könnte. Diese Effekte werden ausschließlich durch den primären Bezug auf die Eignung des Ortes, auf eine geordnete Anordnung und auf eine Symmetrie erzeugt, die jeder verstehen und die jeder nachahmen kann. Unsere Fähigkeit, Befriedigung aus dieser Quelle zu erhalten, ist der Maßstab unserer diesbezüglichen Pflicht. Wenn wir mit den einfachsten Materialien die Seele durch das Auge erfreuen können, indem wir lediglich jedem Gegenstand seinen passenden Platz zuweisen, gehört Ordnung zu den einfachsten Geboten der Wohltätigkeit.

Ordnung ist für den häuslichen Komfort und das Wohlbefinden von wesentlicher Bedeutung und damit für alle Tugenden, die im häuslichen Leben ihre früheste und sicherste Nahrung finden. Es gibt Häuser, die zugleich wohlhabend und freudlos sind, vor unnötiger Verschwendung ächzen und keinen nötigen Komfort bieten, in denen die Idee der Ruhe ebenso irrelevant zu sein scheint wie Salomos Bild, sich auf die Spitze eines Mastes zu legen, und alles von einem allgegenwärtigen Geist der Unordnung. In solchen Wohnungen gibt es keine Heimatliebe. Das Gemeinschaftshaus dient lediglich als Unterkunft und Verpflegungsort. Gesellschaft sucht man woanders, Vergnügen woanders; und für die jungen und leicht zu beeindruckenden Menschen gibt es den stärksten Anreiz zu jenen Arten der Zerstreuung, bei denen das Laster seine Grobheit hinter hübschen Äußerlichkeiten und unter attraktiven Formen verbirgt. Andererseits bietet das wohlgeordnete Haus seinen Bewohnern die Ruhe, den Trost und das Vergnügen, nach denen sie sich sehnen und die sie brauchen, und für diejenigen, deren Charaktere sich im Prozess der Bildung befinden, kann es Verlockungen zum Bösen neutralisieren, die sonst unwiderstehlich wären.

Abschnitt III.

Messen.

Es gibt viele Gegenstände, bei denen es sich bei **der Frage der Pflicht mehr oder weniger um eine Frage handelt**. Zu dieser Klasse gehören nicht nur Essen und Trinken, sondern alle Formen von Luxus, Genuss, Erholung und Vergnügen. In all diesen Fällen liegt die Wahl zwischen Exzess, Abstinenz und Mäßigung. Die Tendenz zum Exzess ist äußerst stark, wenn sie nicht durch Klugheit oder Prinzipien eingeschränkt wird. Diese Tendenz beschränkt sich keineswegs auf den Appetit auf berauschende Getränke, obwohl der moderne Sprachgebrauch den Begriff „ *Unmäßigkeit" auf den Exzess beschränkt hat* , der eigentlich eine weitaus umfassendere Bedeutung hat. Es gibt Grund zu der Annahme, dass es beim Essen genauso viel Unmäßigkeit gibt wie beim Trinken, und dass dies mindestens ebenso verheerende Folgen für Leistungsfähigkeit, Charakter, Gesundheit und Leben hat – mit dem einzigen Unterschied, dass Völlerei betäubt und verdummt, Trunkenheit hingegen macht verrückt; und dass der Vielfraß lediglich eine tote Last für die Gemeinschaft ist, während der Trunkenbold ein aktives Instrument des Ärgers und der Gefahr ist. Es gibt wahrscheinlich weniger Menschen, die durch Unmäßigkeit beim Essen in einen absolut tierischen Zustand versinken als durch Unmäßigkeit beim Trinken; Aber die Zahl der Menschen, die sich keinem offenen Skandal aussetzen, deren Gehirn verwirrt, deren Empfindungen vergröbert sind und deren Arbeitsfähigkeit durch übermäßiges Essen beeinträchtigt ist, ist größer als die, bei denen übermäßiger Genuss ähnliche Wirkungen hervorruft in berauschenden Getränken. Auch Unmäßigkeit bei Vergnügungen ist keine Seltenheit und würde zweifellos weiter verbreitet sein, als sie ist, wenn den meisten Menschen nicht schon sehr früh die unvermeidliche Notwendigkeit der Arbeit auferlegt würde. In dieser Angelegenheit wird die Grenze zwischen Mäßigkeit und Exzess treffend durch den Begriff *Erholung* festgelegt , der auf alle fröhlichen und festlichen Teile des Lebens angewendet wird. *Bei der Neuschöpfung* handelt es sich um eine Überarbeitung, das heißt um den Ersatz der durch harte Arbeit verursachten Verschwendung von Gewebe, Gehirnleistung sowie körperlicher und geistiger Energie. Mäßigkeit erlaubt den großzügigsten Genuss von Sport, Fröhlichkeit und Fröhlichkeit, der für diesen wesentlichen Zweck notwendig oder förderlich sein kann, schließt jedoch alles aus, was über dieses Maß hinausgeht.

Der Verzicht auf alle Formen von Luxus und Erholung sowie auf Speisen und Getränke, die über die niedrigsten Anforderungen des Lebensunterhalts hinausgehen, wurde in verschiedenen Kulturen als Pflicht, als angemessene Buße für Sünden, als Mittel zur spirituellen Entwicklung, als Zeichen angesehen von fortgeschrittener Exzellenz. Diese Vorstellung hatte ihren Ursprung in der dualistischen Philosophie oder Theologie des Ostens. Man glaubte, dass die Souveränität des Universums zwischen den halbmächtigen Prinzipien von Gut und Böse aufgeteilt sei und dass die Erde und der menschliche Körper durch das böse Prinzip geschaffen wurden – durch Satan oder sein Gegenstück. Daraus wurde gefolgert, dass man dem bösen Prinzip entsagen und sich ihm widersetzen könne und dass das gute Prinzip keineswegs so wirksam besänftigen könne, wie durch Verzicht auf die Welt und Abtötung des Körpers. Das Fasten als religiöse Bräuche hat seinen Ursprung in diesem Glauben. Es wurde aus dem Osten importiert. Das hebräische Fasten wurde nicht von Moses eingeführt; Sie wurden offensichtlich aus Babylon entlehnt und scheinen von den Propheten nicht begünstigt worden zu sein. Der Begründer des Christentums hat kein Fasten vorgeschrieben, und wir haben auch keinen Grund zu der Annahme, dass seine unmittelbaren Anhänger Abstinenz als Pflicht betrachteten. Die christliche Askese in all ihren Formen ist wie das jüdische Fasten orientalischen Ursprungs und hatte ihre ersten Entwicklungen in enger Verbindung mit jenen Hybriden aus Christentum und orientalischer Philosophie, deren herausragendes Merkmal der bereits erwähnte Dualismus ist.

In Bezug auf alle Gegenstände des Appetits, der Begierde und des Genusses ist **Mäßigung** offensichtlich angemessen und daher eine Pflicht, es sei denn, es liegen besondere Gründe für die Abstinenz vor. Mäßigkeit erfordert und impliziert moralisches Handeln. Beim gemäßigten Menschen bleiben die Begierden, Wünsche und Geschmäcker bestehen und bedürfen einer wachsamen und weisen Kontrolle, damit er immer Arbeit zu erledigen und einen Krieg zu führen hat; Und so wie der Konflikt mit den Elementen dem Körper Kraft verleiht, stärkt auch der Konflikt mit dem Körper kontinuierlich die moralische Natur. Der Asket mag am Anfang einen harten Kampf haben; aber sein Ziel ist es, seine eingebildeten Feinde in den körperlichen Neigungen auszurotten, und wenn diese vollständig gedemütigt oder getötet sind, bleibt ihm nichts mehr zu tun, und es kommt zu moralischem Müßiggang und Lethargie. Simon Stylites, der siebenunddreißig Jahre auf Säulen unterschiedlicher Höhe verbrachte, hatte wahrscheinlich seine moralischen Fähigkeiten und Empfindungen ebenso wirkungsvoll betäubt, wie er die Begierden und Gelüste des Körpers zu Tode erdrückt hatte. Es darf nicht vergessen werden, dass der Körper nicht weniger als die Seele ein Bauwerk Gottes ist und dass in seiner Absicht alle Kräfte und Fähigkeiten des Körpers an ihrem Platz und Nutzen gut sind und daher kontrolliert und regiert, nicht zerstört oder zerstört werden müssen unterdrückt. Der mittelalterliche Heilige, der sich von den Innereien der Straße ernährte, beging unabsichtlich ein Sakrileg, indem er einen Appetit herabwürdigte und verunreinigte, für den Gott eine anständige und gesunde Nahrung bereitgestellt hatte.

Mäßigkeit ist auch deshalb besser als Abstinenz, weil **der maßvolle Gebrauch der Objekte der Begierde eine Quelle verfeinernder und erhebender Einflüsse ist** . Es ist nicht unbedeutend, dass im allgemeinen Sprachgebrauch der Besitz oder Verlust der Sinne mit geistiger Gesundheit oder Geistesgestörtheit gleichgesetzt wird. Durch die gemäßigte Befriedigung der Sinne erhält der Geist seine Frische, Kraft und Gelassenheit; Wenn sie hingegen durch Übermaß verdorben, durch Alter beeinträchtigt oder durch Krankheit abgestumpft sind, sind die geistigen Kräfte im gleichen Maße abgelenkt, geschwächt oder abgestumpft. Der Geschmack, die Fähigkeit, durch die wir uns mit dem gesamten Bereich der Schönheit vertraut machen und für die die Hingabe kein wirksameres Hilfsmittel hat, hat seinen Namen von dem, was der Asket für den niedrigsten tierischen Genuss hält, der jedoch seine Reichweite auch im Allerhöchsten hat Ministerien. Der Tisch ist der Altar der Heimatliebe und der Gastfreundschaft, und um ihn herum gruppieren sich unzählige Höflichkeiten, Freundlichkeiten und Wohltätigkeiten, die einen großen Teil des Charmes und der Freude des Lebens ausmachen. Die Rücksichtnahme auf den anmutigen und großzügigen Service deutet insoweit nicht auf einen niedrigen Charakter hin, dass es kaum einen sichereren Hinweis auf Vornehmheit und elegante Kultur gibt als das Familienessen. Ähnliches gilt für die gesamte Bandbreite lustvoller Objekte und Erlebnisse. Obwohl es keine davon gibt, bei der ein Übermaß sicher ist, stimulieren sie alle, wenn sie in Maßen genossen werden, die geistigen Kräfte, entwickeln und schulen das ästhetische Vermögen und vervielfachen die wohltuenden Beziehungen sowohl zur Natur als auch zur Gesellschaft.

Aus sozialökonomischen Gründen ist Mäßigung und nicht Abstinenz erforderlich . Die Arbeit für das bloße Lebensnotwendige macht kaum den Zehnten der menschlichen Industrie aus. Eine Nation von Asketen wäre eine Nation von Faulenzern. Es ist die Nachfrage nach Genuss-, Geschmacks- und Luxusgütern, die Schiffe zum Schwimmen bringt, Flüsse aufstaut, Erfindungen anregt, Wohlstand nährt und den Wohlstand von Nationen schafft. Es sind nur Exzesse und Extravaganz, die soziale Ungleichheiten, Unrecht, Wünsche und Belastungen aufrechterhalten und verschärfen; während ein mäßiger, aber großzügiger Einsatz die Räder der universellen Industrie, des Fortschritts, des Komforts und des Glücks ölt und beschleunigt.

Aber es gibt **Fälle, in denen Abstinenz** statt Mäßigkeit **eine Pflicht ist** .

Vergangene Exzesse machen Mäßigkeit möglicherweise kaum noch möglich. Durch die durch Übermaß verursachte Störung kann der Appetit die Fähigkeit zu gesunder Bewegung verlieren. Da wir in einem solchen Fall ein krankes und nutzloses Glied amputieren würden, sollten wir den Appetit unterdrücken, den wir nicht mehr kontrollieren können. Physiologische Untersuchungen haben gezeigt, dass der übermäßige Konsum berauschender Getränke, wenn er lange anhält, einen organischen Zustand hervorruft, in dem der geringste Genuss ein so starkes Verlangen hervorrufen kann, dass es die Kontrolle des Willens übersteigt.

Ebenso können **ererbte Neigungen die Mäßigung so schwierig machen, dass Abstinenz zur Pflicht wird.** Es ist denkbar, dass eine Nation oder eine Gemeinschaft aufgrund der in früheren Generationen vorherrschenden Exzesse durch eine so starke Tendenz zur Unmäßigkeit gekennzeichnet ist, dass allgemeine Abstinenz zur Voraussetzung für allgemeine Mäßigkeit wird.

Abstinenz kann auch zur Pflicht werden, wenn unser **Beispiel** an dem, was wir unschuldig genießen, für viele um uns herum verführerisch und gefährlich wäre. Auf die an sich harmlose Erholung, die durch Missbrauch zu einer Quelle der Korruption geworden ist, kann es unsere Pflicht sein, darauf zu verzichten. Die Nachsicht, die für uns sicher ist, die für unsere Mitarbeiter unsicher wäre, kann uns zum Rücktritt verpflichten. Das Essen, das Getränk, das unseren Tisch zu einer Falle für unsere Gäste machen würde, müssen wir vielleicht unterlassen, auch wenn darin für uns kein latentes Übel oder eine lauernde Gefahr lauert. Dabei handelt es sich jedoch um eine Angelegenheit, in der jeder seine Pflichten für sich selbst bestimmen muss und in der niemand befugt ist, für andere Gesetze zu erlassen. Einem gewissenhaften Menschen mag es als würdiges Unterfangen erscheinen, ein an sich nicht nur harmloses, sondern auch heilsames Vergnügen zu rechtfertigen und von seinen bösen Assoziationen zu befreien; und es mag auf beiden Seiten ein gleichermaßen starkes Rechtsbewusstsein in einer Frage der sozialen Moral geben, die unter diese Rubrik fällt. Die freudige Seite des Lebens muss erhalten bleiben. Der Junge, Zuversichtliche und Glückliche wird auf jeden Fall Freizeitaktivitäten, Spiele und Feste haben, und davon gibt es kein einziges Element, Material oder Merkmal, das nicht missbraucht, pervertiert oder mit Assoziationen versehen wurde, die den rein moralischen Geschmack beleidigen . Sie alle im Namen der Tugend zu verleugnen und zu bekämpfen, bedeutet, einen Grad an Abstinenz vorzuschreiben, der nur die Zustimmung derjenigen finden kann, die die Fähigkeit zum Genießen überlebt haben. Der vernünftigere Weg besteht darin, solche Formen der Nachsicht zu bevorzugen oder zumindest zu tolerieren, die im Moment am wenigsten anfällig für Missbrauch sind, oder solche, die hinsichtlich ihres moralischen Einflusses möglicherweise am sichersten sind, und diese zu sanktionieren, um mehr zu erbringen nachdrücklich und effizient die Missbilligung und Ablehnung derjenigen, die an sich falsch und böse sind.

Abschnitt IV.

Sitten und Bräuche.

Die Alten hatten nur ein Wort für **Manieren und Moral** . Es könnte gut sein, wenn das Gleiche bei uns der Fall wäre – allerdings mit dem wesentlichen Unterschied, dass, während sie die Moral auf die Ebene der Manieren herabwürdigten, eine höhere Kultur uns dazu veranlassen würde, die Manieren auf die Ebene der Moral zu heben. Die Hauptmerkmale guter Manieren sind in den drei vorhergehenden Abschnitten zusammengefasst. Sie sind die Beachtung der Eignung von Zeit und Ort im Verhalten und Verhalten gegenüber anderen und der angemessenen und anmutigen Mitte zwischen übertriebenen, übertriebenen oder phantastischen Äußerungen der Wertschätzung einerseits und Kälte, Überheblichkeit oder Gleichgültigkeit auf dem anderen. Höflichkeiten werden ebenso wie substanziellere Freundlichkeiten durch Verzögerung neutralisiert und wirken, wenn sie langsam sind, gezwungen und widerstrebend. Aufmerksamkeiten, die an ihrer Stelle erfreulich sind, können, wenn sie fehl am Platz sind, nur Demütigung und Verlegenheit hervorrufen, wenn zum Beispiel Höflichkeiten, die dem häuslichen Leben angemessen sind, vor den Augen und Ohren der Öffentlichkeit geübt werden. Es gibt auch keinen Bereich des Verhaltens, in dem Übermaß oder Mangel schmerzlicher zu spüren ist – eine Fülle von Komplimenten und Bemühungen, die dazu neigen, den

Empfänger zum Schweigen zu bringen und zu beschämen, während ihre übermäßige Geringfügigkeit ein ausgeprägtes Gefühl von Beleidigung, Vernachlässigung und Verletzung hervorruft.

Höflichkeit muss, um überhaupt echt zu wirken, Ausdruck aufrichtiger Freundlichkeit sein. Es gibt keinen Vorwand, der so schwer aufrechtzuerhalten ist wie die falsche Zurschaustellung freundlicher und wohlwollender Gefühle. Die Maske kann nicht so an das Gesicht angepasst werden, dass ihre Nähte und Nähte nicht sichtbar sind. Doch Freundlichkeit ist nicht automatisch Höflichkeit. Seine spontanen Äußerungen können unhöflich und unbeholfen sein; oder sie können Formen annehmen, die nicht ohne weiteres verstanden und geschätzt werden. Es gibt konventionelle Formen des höflichen Verhaltens ebenso wie der höflichen Rede. Diese Modi haben zwar keine intrinsische Eignung, doch sie erwerben durch ihre lange und allgemeine Verwendung eine Eignung; Und während die bloße Wiederholung stereotyper Formeln, sei es in Wort oder Verhalten, zu Recht beleidigend ist, muss derjenige, der möchte, dass seine Höflichkeit anerkannt und genossen wird, aufpassen, dass er nicht zu weit von der etablierten Gebärdensprache der Gesellschaft abweicht. Der herzlichen Freundlichkeit und der guten Kameradschaft liegt oft eine *Brutalität* zugrunde, die am Anfang diejenigen, die in ihren Wirkungsbereich geraten, schmerzt, verletzt und abstößt und die die intimsten Freunde eher ertragen und entschuldigen als gutheißen.

Höflichkeit ist als unabdingbare Pflicht anzusehen. Man geht davon aus, dass die Vernachlässigung oder Verletzung mehr Unbehagen verursacht als jede andere Einzelursache und in manchen Kreisen und Gesellschaftsverhältnissen mehr als alle anderen Ursachen zusammen. Es gibt Nachbarschaften und Gemeinschaften, die selten durch schwere Verstöße gegen das Strafrecht gestört werden, aber keine, die sich gegen die Beleidigungen, Feindschaften, verletzten Gefühle und heftigen Missstände, die durch Unhöflichkeit und Unhöflichkeit verursacht werden, versichern kann. Darüber hinaus gibt es Menschen, die völlig frei von Lastern sind, vielleicht auffällig in den Eigenschaften, die das Gegenteil von Lastern sind, und denen es an wohltätigen Arbeiten und Gaben nicht mangelt, die Unhöflichkeit pflegen, scharf oder verbittert in ihren Taten der Nächstenliebe sind und alles tragen Die Gesellschaft verkörpert ein gewisses Stachelschwein-Selbstgefühl, was ihre bloße Anwesenheit lästig und unheilvoll macht. Solche Personen stellen neben dem Leid, das sie einzelnen Menschen zufügen, auch einen unaussprechlichen Schaden für ihre jeweiligen Kreise oder Gemeinschaften dar, indem sie ihre eigenen Tugenden unschön und die Frömmigkeit, wenn sie sie bekennen, hasserfüllt machen. Andererseits gibt es keinen wahreren Wohltäter der Gesellschaft – wenn die Schaffung von Glück das Maß des Nutzens ist – als den echten Gentleman

oder die echte Lady, die der Tugend Anmut und der Freundlichkeit
Höflichkeit hinzufügen; Wer unter der Führung eines aufrichtigen
Mitgefühls die Eignung von Sprache und Benehmen studiert, in Höflichkeit
und Höflichkeit danach strebt, alles zu erfüllen, was ihm gebührt, und in den
kleinsten Details, die das Glück eines anderen beeinflussen können, alles
sorgfältig und gewissenhaft tut anspruchsvolle Sensibilität könnte Anspruch
oder Wunsch erheben.

Abschnitt V.

Regierung.

Die Herstellung und Aufrechterhaltung der Ordnung ist die wichtigste und wesentliche Aufgabe der Regierung ; die Verhütung und Bestrafung von Straftaten, ihre sekundäre, zufällige, vielleicht sogar vorübergehende Verwendung. In einem perfekten Zustand der Gesellschaft wäre eine Regierung immer noch notwendig; Denn nur durch die Beachtung gemeinsamer und gegenseitiger Festlegungen von Zeit, Ort und Maß könnte jedes einzelne Mitglied der Gesellschaft die größte Freiheit und den umfassendsten Gewinn aus Objekten der Begierde genießen, die mit den gerechten Ansprüchen und Rechten anderer vereinbar sind . Diese Vorteile können unter keinen vorstellbaren Bedingungen, in die endliche Wesen gebracht werden können, gesichert werden, außer durch ein System, unter einer zentralen Verwaltung und durch die Unterwerfung individueller Willen und Urteile unter eine etablierte und etablierte Autorität. Eine schlechte Regierung ist also besser als keine; Denn eine schlechte Regierung kann nur existieren, indem sie einen Teil ihrer angemessenen Arbeit leistet, während in einem Zustand der Anarchie die gesamte Arbeit unerledigt bleibt und nicht versucht wird.

Der Gehorsam gegenüber der Regierung ist daher angemessen und daher eine Pflicht, unabhängig von allen Überlegungen hinsichtlich der Weisheit oder sogar der Gerechtigkeit ihrer Verordnungen oder Satzungen. Auch wenn sie unklug sind, sind sie doch Regeln, an die sich die Gemeinschaft anpassen kann und nach denen ihre Mitglieder ihre Pläne schmieden und ihre Erwartungen bestimmen können , während Gesetzlosigkeit gleichermaßen die Negation der Führung für die Gegenwart und des Vertrauens in die Zukunft ist. Wenn sie ungerecht sind, tun sie dennoch weniger Unrecht und weniger Menschen, als dies durch einzelne und sporadische Versuche, ihnen auszuweichen oder sie zu neutralisieren, geschehen würde. Ja, unkluge und ungerechte Gesetze, an die sich die Gewohnheiten und die Arbeitsbeziehungen eines Volkes angepasst haben, sind einer schwankenden Gesetzgebung vorzuziehen, wenn auch in einer im Allgemeinen richtigen Richtung. Gesetze, die wichtige Interessen berühren, sollten nur unter Bezugnahme auf die tatsächlichen Zusagen früherer Gesetze verbessert werden, um die betroffenen Interessen vor den schädlichen Auswirkungen neuer und revolutionärer Maßnahmen zu schützen. Die Zollbestimmungen unseres eigenen Landes werden die Bedeutung dieses Grundsatzes verdeutlichen. Es ist nicht Teil unseres gegenwärtigen Plans, die strittigen Fragen des Freihandels und des Schutzes zu diskutieren. Aber nach dem Eingeständnis selbst extremer Parteigänger auf beiden Seiten hätten das Kapital und die Industrie unseres Volkes niemals so stark unter einem einzigen Zolltarif leiden können, wie unvorsichtig er auch sein mochte, wie sie jahrelang unter plötzlichen Änderungen der Politik gelitten haben Investitionen, die durch die Gesetzgebung eines Kongresses gefordert worden waren, wurden durch die Maßnahmen des nächsten fruchtlos gemacht, und Industrien, die durch hohe Schutzzölle zu schnellem Wachstum angeregt wurden, wurden durch ihre plötzliche Aufhebung gestoppt und oft ruiniert. Die Stabilität von Gesetzen ist offensichtlich ein höheres Gut als ihre Übereinstimmung mit den theoretischen Ansichten aufgeklärterer Bürger. Außer im Fall eines Despotismus sind Gesetze praktisch ein Ausdruck der Meinung oder des Willens der Mehrheit; und Gesetze, die durch eine Kombination günstiger Umstände vor der allgemeinen Meinung erlassen werden, unterliegen immer einer raschen Aufhebung, mit einer doppelten Reihe schädlicher Folgen, die kaum umhin können, bei jeder Änderung sofort einzutreten.

Aber gibt es keine **Grenzen für den Gehorsam** ? Zweifellos gibt es welche. Ein schlechtes Gesetz muss aus Gründen der Ordnung befolgt werden; ein unmoralisches Gesetz ist aus Rücksicht auf das Gewissen des Einzelnen zu missachten; und über den moralischen Charakter eines bestimmten Gesetzes oder der darauf folgenden Handlungen ist das individuelle Gewissen der einzig legitime Richter. Wo das Gesetz des Landes und das absolute Recht im Widerspruch stehen, ist der Bürger nicht nur verpflichtet, den Gehorsam zu verweigern, sondern auch seinen Glauben zu bekennen und ihn in jeder legitimen Form und Weise, durch Stimme und Feder, privat, vollständig zum Ausdruck zu bringen Einfluss und durch die Wahlurne. Aber im Interesse der öffentlichen Ordnung ist es seine Pflicht, seinen Widerstand auf gesetzliche und verfassungsmäßige Methoden zu beschränken, sich von parteiischem und aufrührerischem Widerstand zu enthalten und, wenn möglich, den Notfall zu vermeiden, in dem Ungehorsam zu seiner Pflicht werden würde, und für den Fall der Fälle sein Gewissen zwingt ihn zum Ungehorsam, dennoch muss er seinen Respekt vor der Majestät des Gesetzes dadurch zeigen, dass er sich stillschweigend seiner Strafe unterwirft. Ein Beispiel hierfür ist die noch junge Geschichte unseres Landes. Durch das Flüchtlingssklavengesetz – das die göttliche Vorsehung tatsächlich aufgehoben hat, ohne die Entscheidung des Kongresses abzuwarten – ist der Privatmann, der einem flüchtigen Sklaven Schutz, Unterhalt oder Trost gewährte; Wer sein Versteck kannte und es versäumte, es preiszugeben, oder wer, als er aufgefordert wurde, bei seiner Festnahme mitzuhelfen, seine Hilfe verweigerte, wurde mit einer hohen Geldstrafe und einer langen Haftstrafe bestraft. Was nun dieses Gesetz betrifft, so war es offensichtlich die Pflicht eines Bürgers, der den Sklaven als Anspruch auf die Rechte eines Mannes betrachtete, seine Aufhebung mit allen in seiner Macht stehenden verfassungsmäßigen Mitteln anzustreben. Ebenso war es seine Pflicht, jede gewaltsame Einmischung in die mit der Durchführung beauftragten Beamten zu unterlassen und nach Möglichkeit jeden Zusammenstoß mit der Regierung zu vermeiden. Wäre aber, ohne dass er danach gesucht hätte, ein flüchtiger Sklave auf seine humanen Ämter geworfen worden, hätte sich die Frage gestellt, ob er Gott oder den Menschen gehorchen sollte; und auf diese Frage hätte er nur eine Antwort haben können. Doch seinem Gehorsam gegenüber Gott hätte die krönende Gnade gefehlt, wenn er nicht demütig die Strafe für seinen Ungehorsam gegenüber dem Gesetz des Landes hingenommen hätte. Auf diese Weise bezeugten die Urchristen ihre Loyalität gegenüber Gott und „den Mächtigen", die „von Gott bestimmt" waren. Sie verweigerten den Zivilbehörden den Gehorsam in Angelegenheiten, in denen ihre religiösen Pflichten gefährdet waren; aber sie leisteten weder Widerstand noch entgingen sie der Strafe für ihren Ungehorsam. Ähnlich verlief das Verhalten der Quäker in England und Amerika bis fast bis in unsere Zeit. Sie waren stille und nützliche Bürger, die die gleichen Aufgaben mit ihren Mitbürgern wahrnahmen, soweit ihr Gewissen es erlaubte, und wo das Gewissen sein Veto einlegte, nahmen sie geduldig die Pfändung ihres Eigentums und die Einkerkerung ihrer Körper hin, bis, bis Durch ihr tadelloses Leben und ihre demütige Ausdauer erlangten sie von den Regierungen sowohl des Mutterlandes als auch der Vereinigten Staaten eine Amnestie für ihre Gewissensskrupel.

Es kann einen Zustand der Gesellschaft geben, in dem es **für gute Bürger zur Pflicht wird, im Interesse von Recht und Ordnung eine rechtswidrige Haltung einzunehmen und rechtswidrige Handlungen vorzunehmen** . Wenn diejenigen, die gesetzlich mit Exekutiv- und Justizämtern betraut sind, offen, notorisch und beharrlich gegenüber ihrem Vertrauen in einem solchen Ausmaß untreu sind, dass sie die soziale Ordnung, die ihre Aufgabe ist, aufrechtzuerhalten, stören und untergraben, gute Bürger, wenn sie das haben Macht haben zweifellos das Recht, sie zu verdrängen und für den vorübergehenden Notstand eine provisorische Regierung einzusetzen. Ein solcher Fall ereignete sich vor einigen Jahren in San Francisco. Die gesamte Regierung der Stadt stand seit mehreren Jahren unter der Kontrolle von Raufbolden und Schurken, und Gewalt und Betrug hatten die Wahlurne zu einem wirkungslosen Heilmittel gemacht. Kein gesetzestreuer Bürger hielt sein Leben oder Eigentum für sicher; schwere Verbrechen wurden ungestraft begangen; und allein Diebe und Mörder genossen den Schutz der städtischen Behörden. Aus Verzweiflung über einen Rechtsbehelf organisierten sich die besten Bürger aller Parteien unter der Leitung eines Sicherheitsausschusses, setzten die Magistraten und Richter der Stadt gewaltsam ab, stellten bekannte Kriminelle vor Gericht, verurteilten sie und bestraften sie, stellten die Integrität des Wahlrechts wieder her und … überließen ihre Macht rechtmäßig gewählten Funktionären, unter denen und ihren Nachfolgern die Stadt ein Maß an Ordnung, Ruhe und Sicherheit genoss, das dem jeder anderen großen Stadt auf dem Kontinent mindestens ebenbürtig war.

Das Recht auf Revolution ist zweifellos einem nationalen Staatskörper innewohnend; Aber es ist ein extremes Recht und darf nur bei dringendster Notwendigkeit ausgeübt werden. Seine Bedingungen können nicht streng definiert werden, und seine Ausübung kann möglicherweise nur durch seine Ergebnisse gerechtfertigt werden. Eine verfassungsmäßige Regierung kann selten Anlass zu gewalttätigen revolutionären Maßnahmen bieten; denn jede Verfassung hat ihre eigenen Bestimmungen für gesetzliche Änderungen, und die öffentliche Stimmung, die für eine Revolution reif ist, kann kaum umhin, stark genug zu sein, um die Änderungen, nach denen sie verlangt, durch die rechtlichen Verfahren zu tragen, die, wenn auch langsam und umständlich, dem Gesetz unermesslich vorzuziehen sind Gewaltanwendung und die Übel des Bürgerkriegs. Andererseits kann eine despotische oder willkürliche Regierung eine Aufhebung nur mit Gewalt zulassen; und wenn seine Verwaltung private Rechte verletzt, ungerechtfertigte Lasten und Behinderungen auferlegt, die Entwicklung der nationalen Ressourcen unterdrückt und die Verwaltung der Gerechtigkeit oder die Existenz gerechter Beziehungen zwischen Klasse und Klasse oder zwischen Mann und Mann, dem Volk – der rechtmäßigen Quelle – außer Kraft setzt und Schiedsrichter der Regierung – hat offensichtlich das Recht, seine eigene Autorität geltend zu machen und die Souveränität, die sein Vertrauen verraten hat, durch eine Verfassung und Herrscher seiner Wahl zu ersetzen. Unter ähnlicher Unterdrückung besteht das gleiche Recht zweifellos in einer abgelegenen Kolonie oder in einer Nation, die durch Eroberung einer fremden Macht unterworfen ist. Wenn diese Macht einem Volk, über das sie Souveränität ausübt, die Rechte und Privilegien von Untertanen verweigert und es in ihren eigenen vermeintlichen Interessen regiert, wobei das Wohlergehen des so regierten Volkes systematisch und beharrlich missachtet wird, ist Widerstand ein Recht. und kann zur Pflicht werden. Kurz gesagt, die Aufgabe der Regierung besteht darin, eine gerechte und wohltätige Ordnung aufrechtzuerhalten; eine Regierung verliert ihre Rechte, wenn sie dieser Funktion nicht nachkommt; und die dadurch verwirkten Rechte fallen an das schlecht regierte Volk zurück.

Kapitel XIII.

Kasuistik.

Kasuistik ist die Anwendung allgemeiner Grundsätze der Moral auf Einzelfälle, *in* denen Zweifel an der Pflicht bestehen. Die Frage kann sich auf die Verpflichtung oder Rechtmäßigkeit einer bestimmten Handlung, auf die Wahl zwischen zwei alternativen Vorgehensweisen, auf das Ausmaß oder die Grenze einer anerkannten Pflicht oder auf die Präferenzgründe beziehen, wenn ein Konflikt zu bestehen scheint der Pflichten. Ein großer Teil dieser Fälle verschwindet unter jeder gerechten Sichtweise der moralischen Verpflichtung. Die meisten Gewissensfragen haben ihren Ursprung in mangelnder Gewissenhaftigkeit. Wer entschlossen ist, das Richtige zu tun, das ganze Richtige und nichts als das Richtige, weiß selten, was er tun soll. Wenn es aber darum geht, sich allen schwierigen Pflichten zu entziehen, die ohne Scham oder klares Bewusstsein des Unrechts unterlassen werden können, und so nah wie möglich an die Grenze zwischen Gut und Böse heranzukommen, ohne sie zu überschreiten, stellen sich oft verwirrende und verwirrende Fragen Die Fragen sind kompliziert, und im Interesse der Tugend kann es angebracht sein, dass sie unbeantwortet bleiben. Es gibt immer diejenigen, deren Ziel es nicht ist, einen bestimmten, geschweige denn einen auf unbestimmte Zeit hohen Standard der Güte zu erreichen, sondern vor den strafrechtlichen Konsequenzen des Fehlverhaltens bewahrt zu werden; und es gibt sogar (sogenannte) religiöse Personen und auch Lehrer, bei denen diese negative Straffreiheit den ganzen Sinn des heiligen und bedeutsamen Begriffs *Erlösung ausfüllt* . Es muss zugegeben werden, dass Fragen, die nur von solchen Geistern ausgehen können, einen sehr großen Teil der oft umfangreichen und unhandlichen Abhandlungen über Kasuistik ausmachen, die uns aus früheren Zeiten überliefert sind, insbesondere von denen der jesuitischen Moralisten, deren Hauptbemühungen darin bestehen einen Grenzpfad gerade außerhalb der Grenzen des anerkannten Unrechts und Bösen festzulegen.

Dennoch gibt es **Fälle, in denen selbst die gewissenhaftesten Personen an der Richtigkeit zweifeln** . Wir können hier nur die allgemeinen Grundsätze angeben, nach denen in solchen Fällen entschieden werden soll, mit einigen wenigen konkreten Beispielen.

Bei der Frage der Pflicht geht es oft nicht um Prinzipien, sondern **um Tatsachen** . Es handelt sich um den *Sachverhalt* , die Lage und Verhältnisse der betroffenen Personen oder Gegenstände, die wir nicht vollständig verstehen. Wenn zum Beispiel erneut um unsere wohltätige Hilfe in Form von Arbeit oder Geld gebeten wird, stellt sich nicht die Frage, ob es unsere

Pflicht ist, bei einer wirklich wohltätigen Arbeit mitzuhelfen, sondern ob es sich um das vorgeschlagene Ziel handelt und unter der Leitung dieser Wer den Aufruf macht, wird unsere Arbeitskraft oder unser Geld lukrativ in den Dienst der Menschheit investieren. Gewiss gibt es wohlwollende Vereine und Unternehmungen für die edelsten Zwecke, deren tatsächlicher Nutzen schwersten Zweifeln unterliegt. Manchmal ist es sogar schwierig, eine Frage der Gerechtigkeit oder Billigkeit zu klären, einfach weil die Umstände des Falles, soweit wir sie verstehen können, das Recht nicht definieren. Instanzen dieser Klasse können vervielfacht werden; aber es sind alles Fälle, in denen es keine Unklarheit über unsere Verpflichtung oder Pflicht gibt und daher keine Frage der moralischen Kasuistik besteht. Allerdings sind wir aufgrund von Eignungserwägungen offensichtlich dazu verpflichtet, in jedem Fall, in dem wir zum Handeln gezwungen sind oder es für angebracht halten, die umfassendsten Informationen einzuholen, die in unserer Macht stehen; Auch können wir Handlungen ohne Wissen nicht als sicher oder tadellos betrachten, selbst wenn das Motiv tugendhaft ist.

Das Maß oder die Grenze der Pflicht ist für viele gewissenhafte Menschen eine ernste Frage. Hier ist eine genaue Definition kaum möglich und dem individuellen Geschmack oder Urteilsvermögen kann großzügige Freiheit eingeräumt werden; Doch Erwägungen der Fitness setzen dieser Freiheit Grenzen. Daher ist direkte und ausdrückliche Selbstbildung eine Pflicht, die jedem obliegt, wobei jedoch die Verschiedenheit der Neigungen sehr unterschiedliche Grade des Fleißes gleichermaßen angemessen und richtig machen kann; Aber jeder egozentrische Fleiß wird durch häusliche, soziale und bürgerliche Verpflichtungen angemessen eingeschränkt. Somit sind auch direkte Wohltätigkeitshandlungen offensichtlich für alle Pflicht; aber der Grad der Selbstaufopferung für wohltätige Zwecke muss und sollte nicht für jeden gleich sein; Und während wir diejenigen in größter Bewunderung empfinden, die alles, was sie haben und sind, völlig in den Dienst der Menschheit stellen, haben wir keinen Grund, unsere Wertschätzung für diejenigen gering zu halten, die einfach nur gütig und großzügig sind, während sie es gleichzeitig tun zu ihrem eigenen Vorteil arbeiten, ausgeben oder sparen. Tatsächlich hat die Welt Letzteres ebenso sehr nötig wie Ersteres. Wäre die Zahl der engagierten Philanthropen zu groß, würde ein großer Teil der notwendigen Geschäfte und Lebensarbeiten unerledigt bleiben; Und wenn selbstverleugnende Geber eine sehr zahlreiche Gruppe bilden würden, wären die abhängigen und bettelnden Klassen viel zahlreicher als sie sind; während der Entzug der Ausgaben für persönliche Gegenstände das Industrieunternehmen lähmen und die Schaffung jenes allgemeinen Reichtums, der zum allgemeinen Komfort und Glück beiträgt, sowie die Anhäufung jener großen Vermögen, die als Sicherheitsfonds und Bewegungsfonds für die Menschheit von unschätzbarem Wert sind, zum Stillstand bringen würde ganze Gemeinschaft.

Es gibt Fälle, in denen offensichtlich ein **Pflichtenkonflikt vorliegt** . Dies geschieht am häufigsten zwischen Klugheit und Wohltätigkeit. Bis zu einem gewissen Punkt fallen sie zusammen. Kein umsichtiger Mensch wird es zulassen, dass er sich unsoziale, selbstsüchtige oder geizige Gewohnheiten aneignet oder die gewöhnlichen guten Dienste und allgemeinen Wohltätigkeiten des Lebens vernachlässigt. Aber ist man verpflichtet, die Grenzen der Klugheit zu überschreiten und ohne besonderen Grund persönlicher Verpflichtung für eine andere Person Verlust, Not oder Gefahr auf sich zu nehmen? Einer ist zweifellos dazu verpflichtet, alles zu tun, was er vernünftigerweise von einem anderen erwarten kann, wenn ihre Positionen vertauscht wären; aber ist es seine Pflicht, mehr als das zu tun? Als Antwort muss man zugeben, dass derjenige, der in einem solchen Fall die Klugheit erduldet, seine Wohltätigkeit einzuschränken, alles getan hat, was seine Pflicht unbedingt erfordert; aber im Verhältnis zur Wärme seines Wohlwollens und der Erhabenheit seines Geistes und Charakters wird er sich gezwungen sehen, diese Grenze zu überschreiten und Klugheit der Wohltätigkeit zu opfern. Wenn ich also – um ein Beispiel aus einer Klasse von Ereignissen zu nennen, die keineswegs selten sind – einen Mann sehe, der in Gefahr ist zu ertrinken, ist es offensichtlich meine Pflicht, alles zu tun, was ich tun kann, um ihn zu retten, ohne mein eigenes Leben in Gefahr zu bringen. Aber mehr schulde ich ihm nicht. Mein eigenes Leben ist mir und meiner Familie wertvoll, und ich habe das Recht, es so zu betrachten. Ich verdiene weder Tadel noch Selbstvorwürfe, wenn ich es ablehne, mich einer drohenden Gefahr auszusetzen. Doch wenn ich die Großzügigkeit und den Mut habe, die zu einer wahrhaft edlen Natur gehören, werde ich mich nicht damit zufrieden geben, nichts weiter zu tun – ich werde meine eigene Sicherheit aufs Spiel setzen, wenn es Grund zur Hoffnung gibt, dass meine Bemühungen von Erfolg gekrönt sein werden ; und indem ich das tue, werde ich einen Akt heldenhafter Tugend vollbringen. Dasselbe Prinzip gilt für Exposition, Gefahr und Opfer jeglicher Art, die zur Sicherheit, Erleichterung oder zum Nutzen anderer auf sich genommen werden. Wir übertreten kein positives Rechtsgesetz, wenn wir es unterlassen, für andere mehr zu tun, als wir an ihrer Stelle rechtmäßig erwarten könnten. Vorsicht ist in einem solchen Fall unser Recht. Aber es ist ein Recht, es aufzugeben, als es zu behalten, ist edler; und die Bereitschaft, mit der und das Ausmaß, in dem wir bereit sind, es aufzugeben, kann als faires Kriterium für unser moralisches Wachstum und unsere Stärke angesehen werden.

Unter dem Titel „ **Justiz**" kann es in dem weiten Umfang, den wir ihm gegeben haben, zu einem offensichtlichen Pflichtenkonflikt kommen, und es gibt bestimmte offensichtliche Vorranggesetze , die alle derartigen Fälle abdecken können. Wir sollten zunächst sagen, dass unsere Verpflichtungen gegenüber dem Höchsten Wesen einen überragenden Anspruch gegenüber allen Pflichten gegenüber minderwertigen Wesen haben, hätten wir nicht

Grund zu der Annahme, dass Gott in keiner Weise so wahrhaftig verehrt und gedient wird wie durch Akte der Gerechtigkeit und Barmherzigkeit gegenüber seinen Kindern. Der göttliche Lehrer hat uns nicht zu verstehen gegeben, dass es keine Zeit und keinen zu heiligen Ort für die Nächstenliebe gibt, sondern dass heilige Zeiten und Orte ihre höchste Weihe in der Liebe zum Menschen haben, die die Liebe zu Gott inspiriert.

Den Menschen gegenüber muss kaum gesagt werden, dass Gerechtigkeit (in der begrenzten und gewöhnlichen Bedeutung des Wortes) **Vorrang vor Nächstenliebe hat** . Ohne die vorherrschende Ungerechtigkeit – individueller, sozialer und bürgerlicher Art – gäbe es kaum Raum für die aktive Ausübung der Nächstenliebe. Mangel entsteht fast ausschließlich aus Unrecht. Wäre die Gerechtigkeit universell, das heißt, wenn die Rechte und Privilegien, die den Menschen als Menschen zustehen, auf alle Klassen und Schichten der Menschen ausgedehnt und ihnen zur Verfügung gestellt würden, gäbe es immer noch große Ungleichheiten in Bezug auf Reichtum und soziale Stellung; aber bittere und erbärmliche Armut konnte kaum existieren. In fast jedem einzelnen Fall führt die Vorenthaltung oder Verzögerung der Gerechtigkeit mehr oder weniger direkt zur Entstehung genau der Übel, die die Nächstenliebe lindert. Kein Maß an Großzügigkeit kann also Ungerechtigkeit mildern oder als Ersatz für Gerechtigkeit dienen.

Was die Personen betrifft, denen wir Ämter der Güte oder Barmherzigkeit schulden, ist es offensichtlich, dass **diejenigen, die durch Blutsverwandtschaft oder Verwandtschaft mit uns verwandt sind, den ersten Anspruch haben** . Diese Beziehungen weisen alle Elemente eines natürlichen Bündnisses zur gegenseitigen Verteidigung und Hilfe auf; und es ist unmöglich, dass ihre wesentlichen Pflichten treu erfüllt und ihre Eignung gebührend beachtet wird, ohne Sympathien zu schaffen, die in der Bedrängnis der Not ihren Ausdruck in aktiver Nächstenliebe finden. In der nächsthöheren Reihe können wir unsere Wohltäter angemessen einstufen, wenn ihr Zustand so ist, dass sie eine Gegenleistung für ihre freundlichen Dienste in unserem Namen verlangen. Als nächstes kann die Nähe vor Ort in Betracht gezogen werden; Denn gerade die Tatsache, dass die Bedürfnisse unserer Nachbarn in unserem Bewusstsein sind oder liegen könnten, empfiehlt sie besonders unserer Nächstenliebe und ermöglicht es uns, umsichtiger und wirksamer bei der Linderung vorzugehen. Tatsächlich würde in kleineren Gemeinden, in denen die Wohnungen der Reichen und der Armen verstreut sind, eine allgemeine Anerkennung der Ansprüche der Nachbarschaft auf Wohltätigkeit den Bereich der aktiven Wohltätigkeit mit einer Effizienz abdecken, die auf keine andere Weise erreichbar ist, und zu einem erheblich geringeren Preis Kosten für Zeit und Substanz. Es gibt noch eine andere Art von Nachbarschaft, die durch das Gleichnis vom barmherzigen Samariter unserer ehrfürchtigen Einhaltung geweiht ist. Von

Zeit zu Zeit werden Fälle von Not und Leid, ohne dass wir danach gesucht haben, unter unsere unmittelbare Aufmerksamkeit gebracht – sozusagen direkt auf unsere freundlichen Ämter geworfen. Die uns so empfohlene Person ist für die Zeit unser nächster Nachbar, ja, unser nächster Verwandter, und gerade die Umstände, die ihn in diese Beziehung zu uns gebracht haben, machen ihn passenderweise zum vorrangigen Gegenstand unserer Nächstenliebe.

Manchmal stellt sich die Frage, **ob wir einen unmittelbaren, aber vorübergehenden Nutzen oder ein weiter entferntes, aber dauerhaftes Gut gewähren sollen** . Wenn die beiden unvereinbar sind und Ersteres nicht zwingend erforderlich ist, ist Letzteres vorzuziehen. Daher ist eine entlohnte Beschäftigung für einen arbeitsfähigen Mann viel vorteilhafter als Almosen, und es ist besser, dass er ein gewisses Maß an Bedrängnis erduldet, bis er sich ein angenehmeres Leben leisten kann, als dass er zuerst die Abhängigkeit des Pauperismus verspürt. Doch wenn sein Wunsch umfassend und dringend ist, ist die Verzögerung sofortiger Hilfe ein Teil der Grausamkeit. Aus ähnlichen Gründen ist Wohltätigkeit, die sich auf eine Gruppe von Fällen oder Personen bezieht, gegenüber bestimmten freundlichen Handlungen gegenüber Einzelpersonen vorzuziehen. Daher erscheint es hart, einem unbekannten Straßenbettler ein Almosen zu verweigern; Da aber eine solche Hilfe einer großen Menge Betrug, Müßiggang und Laster Schutz bietet, ist es viel besser, dass wir durch Beiträge, die unseren Fähigkeiten angemessen sind, ein System aufrechterhalten, mit dem Fälle von tatsächlichem Bedarf, und zwar nur solche, umgehend behandelt werden können und angemessen versorgt werden, und dass wir dann – wenn auch widerstrebend – unsere Almosen Bewerbern mit zweifelhaften Verdiensten verweigern.

Kapitel XIV.

Alte Geschichte der Moralphilosophie.

Die zahlreichen **ethischen Systeme** , die in früheren oder späteren Zeiten Gültigkeit hatten, können in zwei Klassen eingeteilt werden: Die eine umfasst diejenigen, die die Tugend zu einem Mittel machen; der andere, diejenigen, die ihm ein Ende machen. Dem ersteren zufolge soll Tugend für das Gute geübt werden, das sich daraus ergibt; Letzterem zufolge um seiner selbst willen, wegen seiner intrinsischen Exzellenz. Diese Klassen haben offensichtliche Unterteilungen. Ersteres umfasst sowohl die egoistische als auch die utilitaristische Theorie; während letztere eine große Vielfalt von Ansichten über die Natur, den Standard und das Kriterium der Tugend umfasst, je nachdem, wie man glaubt, dass sie in der Übereinstimmung mit der Eignung der Dinge, im Einklang mit einem ungekünstelten Geschmack und im Einklang mit dem Inneren besteht moralischem Sinn oder im Gehorsam gegenüber dem Willen Gottes. Es gibt auch Grenztheorien, die die Ideen, die den beiden Klassen zugrunde liegen, vermischen oder vielmehr nebeneinanderstellen.

In diesem Kapitel wird vorgeschlagen, einen Überblick über **die Geschichte der ethischen Philosophie in Griechenland und Rom** , oder vielmehr in Griechenland, zu geben. denn Rom hatte keine Philosophie, die nicht in Griechenland geboren worden wäre.

Sokrates war weniger ein Moralphilosoph als vielmehr ein Tugendprediger. Als selbsternannter Zensor und Reformer richtete er seine Beschimpfungen und seine Ironie hauptsächlich gegen die Sophisten, deren Hauptmerkmal in der Philosophie die Leugnung der objektiven Wahrheit und damit des absoluten und bestimmten Rechts gewesen zu sein scheint. Im Gegensatz zu ihnen versucht Sokrates, die Pflicht aus den Anlässen ihrer Ausübung herauszuleiten, indem er seine Gesprächspartner dazu bringt, Recht und Pflicht aus der Natur der Dinge zu definieren, wie sie ihrem eigenen Bewusstsein und ihrer eigenen Reflexion präsentiert wird. Platon stellt ihn dar, wann immer eine moralische Frage zur Diskussion steht, als würde er den Kern der Sache untersuchen und daraus die Antwort schöpfen, als käme er von einem göttlichen Orakel.

Platon vertrat im Wesentlichen denselben Standpunkt, wie man daran erkennen kann, dass er das Wahre, das Schöne und das Gute identifizierte; aber es ist unmöglich, in seinen Schriften die Umrisse eines bestimmten ethischen Systems zu verfolgen, sei es sein eigenes oder eines, das von seinem großen Meister abgeleitet wurde.

Die drei **Hauptschulen der ethischen Philosophie in Griechenland** waren die peripatetische, die epikureische und die stoische.

Die **Peripatetiker** leiteten ihre Philosophie von Aristoteles ab und ihren Namen von seiner Gewohnheit, unter den Platanen des Lyzeums auf und ab zu gehen. Ihm zufolge ist Tugend ein Verhalten, das der menschlichen Natur so angepasst ist, dass alle seine Begierden, Neigungen, Wünsche und Leidenschaften in gegenseitiger Kontrolle und Begrenzung erhalten bleiben. Es besteht darin, Extreme zu meiden. Somit steht Mut auf halbem Weg zwischen Feigheit und Unbesonnenheit; Mäßigkeit, zwischen Exzess und Selbstverleugnung; Großzügigkeit, zwischen Verschwendung und Sparsamkeit; Sanftmut, zwischen Jähzorn und Kleinmut. Glück gilt als das höchste Gut; Aber obwohl dies nicht ohne Tugend erreicht werden kann, wird Tugend allein es nicht gewährleisten. Glück erfordert außerdem bestimmte äußere Vorteile wie Gesundheit, Reichtum, Freunde, die ein guter Mann daher mit allen rechtmäßigen Mitteln anstreben wird. Aristoteles legte großen Wert auf die Pflege der häuslichen Tugenden und stellte den Haushalt zu Recht als den Typus, nicht weniger als die Kinderstube, des Staates dar, und das politische Wohlergehen des Staates als abhängig von der geschätzten und manifestierten Art des Charakters im häuslichen Leben seiner Mitglieder.

Es gibt Grund zu der Annahme, dass **Aristoteles' persönlicher Charakter** seiner Tugendtheorie entsprach – dass er eher den mittleren Weg einschlug, als den beschwerlicheren Weg der moralischen Vollkommenheit. Obwohl er einen Großteil seiner Zeit in Athen verbrachte, stammte er aus Mazedonien und lebte mehrere Jahre am Hof Philipps als Lehrer Alexanders, mit dem er während des größten Teils des Lebens seines königlichen Schülers freundschaftliche Beziehungen pflegte. Über seine Verbindung zum mazedonischen Hof und zu öffentlichen Angelegenheiten gibt es mehrere Geschichten, die ihn auf unehrenhafte Weise in politische Intrigen verwickeln, und obwohl es keine davon gibt, die nicht geleugnet wird und keine, die auf kompetenter historischer Autorität beruht, sind solche Überlieferungen nicht der Fall neigen dazu, sich so zusammenzuballen, dass der schöne Ruhm eines robusten, unbestechlichen Mannes verwischt wird, aber sie klammern sich viel eher an die Erinnerung eines Trimmers und eines Zeitdieners.

Epikur, nach dem die epikureische Philosophie benannt ist, war viele Jahre lang Philosophielehrer in Athen. Er war ein Mann mit einfachen, reinen, keuschen und gemäßigten Gewohnheiten, der in seinem Alter schwere und langwierige Leiden an komplizierten und unheilbaren Krankheiten mit einzigartigem Gleichmut ertrug, und sein Andenken wurde posthum nur von denen geschwärzt, die – wie theologische Fanatiker ... aus jüngerer Zeit – folgerten trotz aller zeitgenössischen Beweise, dass er einen verdorbenen Charakter hatte, weil sie dachten, dass seine Philosophie ihn dazu hätte machen sollen.

Er stellte **das Vergnügen als das höchste Gut dar** und seine Fähigkeit, Freude zu bereiten, als das einzige Kriterium, nach dem jede Handlung oder Gewohnheit beurteilt werden sollte. Aus diesem Grund wird das Streben nach Vergnügen zur obersten oder vielmehr zur einzigen Pflicht. „Tue, was dir Spaß macht", ist die grundlegende Maxime der Moral. Es gibt keinen intrinsischen oder dauerhaften Unterschied zwischen richtig und falsch. Allein die individuelle Erfahrung kann über das Recht entscheiden, die je nach Geschmack, Temperament oder Kultur unterschiedlich ist. Es gibt jedoch einige Freuden, die durch die Mühen, die man bei der Beschaffung dieser Freuden auf sich nimmt oder die dadurch verursacht werden, mehr als ausgeglichen werden ; und es gibt auch Schmerzen, die das Mittel zu Freuden sind, die größer sind als sie selbst. Der weise Mann wird sein Verhalten daher nicht am Vergnügen des Augenblicks messen und steuern, sondern im Hinblick auf die zukünftigen und endgültigen Auswirkungen von Handlungen, Gewohnheiten und Verhaltensweisen auf sein Glück. Die sogenannten Tugenden wie Gerechtigkeit, Mäßigung und Keuschheit sind an sich nicht besser als ihre Gegensätze; Die Erfahrung hat jedoch gezeigt, dass sie die Summe der Lust steigern und die Summe des Schmerzes vermindern. Deshalb und nur deshalb sind sie Pflichten. Der große Wert der Philosophie besteht darin, dass sie den Menschen in die Lage versetzt, die relative Dauer und die dauerhaften Folgen sowie die unmittelbare Intensität jeder Form von Vergnügen abzuschätzen.

Epikur benennt **zwei Arten von Vergnügen** : das Vergnügen der Ruhe und das Vergnügen der Bewegung. Er bevorzugt Ersteres. Aktion hat ihre Reaktion; Auf Aufregung folgt Depression; Anstrengung, durch Müdigkeit; Der Gedanke an andere bringt die Störung des eigenen Friedens mit sich. Laut Epikur führen die Götter ein leichtes, unbeschwertes Leben, überlassen es dem äußeren Universum, sich um sich selbst zu kümmern, sind gegenüber menschlichen Angelegenheiten völlig gleichgültig und werden durch die völlige Abwesenheit von Arbeit, Not und Fürsorge unbeschreiblich glücklich gemacht; und der Mensch wird am göttlichsten und am glücklichsten, also am tugendhaftesten, wenn er durch das Leben schwebt, unversehrt und unversehrt, müßig und nutzlos, in sich geschlossen und selbstgenügsam, einfach in seinem Geschmack, gemäßigt in seinen Ansprüchen, genügsam in seinen Gewohnheiten.

Es darf bezweifelt werden , **ob Epikur mit Vergnügen** [18] **bloße körperliche Lust allein bezeichnete** . Es ist sicher, dass seine späteren Anhänger die Freuden des Körpers als das einzig Gute betrachteten; und

Cicero sagt, dass Epikur selbst alle Freuden des Intellekts auf die Erinnerung an die Vergangenheit und die Hoffnung auf zukünftige sinnliche Befriedigung zurückführte. Dennoch ist ein Auszug aus einem Brief von Epikur erhalten geblieben, in dem er sagt, dass seine eigenen körperlichen Schmerzen in seinen Jahren der Altersschwäche durch die Freude überwogen werden, die er aus der Erinnerung an seine philosophischen Arbeiten und Entdeckungen zieht.

Zu seinen Anhängern zählte der Epikureismus nicht nur **Männer mit anerkannter Tugend** , sondern nicht wenige, wie Plinius der Jüngere, die einer aktiveren Art von Tugend angehörten, als Epikur es für vereinbar mit Vergnügen gehalten hätte. Aber im Laufe der Zeit wurde es zum Vorwand und Deckmantel für die gröbste Sinnlichkeit; und die Assoziationen, die der ungebildete Leser mit dem Namen hat, werden durch die Auseinandersetzung mit der Literatur, die ihn hervorgebracht hat, nur noch verstärkt. Horace ist sein Dichter-Preisträger; und er war offensichtlich in seiner Philosophie ebenso aufrichtig wie in seinem Leben zügellos. Es liegt ein gewisser Reiz in Treu und Glauben und Ehrlichkeit, selbst wenn man auf der Seite von Unrecht und Laster steht; und es ist seine vollkommene Offenheit, Selbstgefälligkeit, ja, Selbstlob, in einer Sinnlichkeit, die in einfacher Prosa abwechselnd langweilig und abscheulich wirken würde, die Horaz sogar gefährlich faszinierend macht, so dass es die Hüter der öffentlichen Moral durchaus sein dürfte dankbar, dass die Herangehensweise der Jugend an ihn durch die gewaltigen Barrieren der Grammatik und des Wörterbuchs erschwert wird.

Während der Epikureismus auf diese Weise einerseits bei den Menschen der Welt eine Laxheit moralischer Prinzipien und Gewohnheiten hervorrief, verfiel er andererseits in den Köpfen einer eher kontemplativen Stimmung **in den Atheismus** . Von abgestumpften Göttern, die sich nicht um menschliche Angelegenheiten kümmerten, war der Übergang zum Glauben an keine Götter ganz natürlich. Das Universum , das sich selbst bewahren und regieren konnte, hätte sicherlich in eine unverursachte Existenz eintreten können; denn die Tendenzen, die ohne eine überwachende Macht die Ordnung in der Natur, die Kontinuität im Wandel und immer neues Leben, das sich aus dem unaufhörlichen Tod entwickelt, aufrechterhalten, müssen inhärente Tendenzen zur Kombination, Harmonie und Organisation sein und können somit den Ursprung des Systems erklären die sie aufrechterhalten und erneuern. Diese Art von Atheismus findet ihre authentischste Darstellung in „De Rerum Natura" von Lucretius. Er leugnet nicht mit so vielen Worten die Existenz der Götter, sondern spricht tatsächlich davon, dass sie ein ruhiges Leben führen und sich von jeglicher Sorge um sterbliche Angelegenheiten zurückziehen; aber er spottet so sehr über jede praktische Anerkennung, die er ihnen entgegenbringt, und spottet so sehr über die Ehrfurcht und Ehrfurcht, die ihnen von der Menge entgegengebracht wird, dass wir gezwungen sind, sie eher als das Bild seiner Verse denn als die Gegenstände seines Glaubens zu betrachten. Er hält die vergangene Ewigkeit der Materie aufrecht, die aus Atomen oder Monaden verschiedener Formen besteht. Diese trieben im Raum umher und trafen durch eine Reihe glücklicher Zufälle aufeinander und gerieten in geordnete Beziehungen und eng anliegende Symmetrien, woraus nacheinander und durch eine den primitiven Atomen innewohnende Notwendigkeit Organisation, Leben, Instinkt, Liebe, Vernunft, Weisheit. Dieses Gedicht hat in der heutigen Zeit einen besonderen Wert, da es in seiner Kosmogonie eng mit einer der jüngsten Phasen der physikalischen Philosophie übereinstimmt und zeigt, dass das, was sich Fortschritt nennt, eine Bewegung im Kreis sein kann.

Die **Stoiker** , so genannt aus einem mit prächtigen Gemälden von Polygnotos geschmückten Portikus [19], in dem ihre Lehren zum ersten Mal gelehrt wurden, verdanken ihren Ursprung Zenon, der ein sehr hohes Alter erreichte und für Selbstbeherrschung, Mäßigkeit und strengste Art berühmt war Als er feststellte, dass vor ihm nur wachsendes Gebrechen ohne Hoffnung auf Genesung stand, beendete er schließlich, im Einklang mit einem Lieblingsdogma und einer Lieblingspraxis seiner Schule, eigenhändig sein Leben.

Nach der stoischen Philosophie **ist Tugend das einzige Ziel des Lebens** , und Tugend ist die Übereinstimmung des Willens und Verhaltens mit der universellen Natur. Tugend allein ist gut; Laster allein ist böse; und was weder Tugend noch Laster ist, ist an sich weder gut noch böse, sondern ist zu suchen oder zu meiden, je nachdem es der Tugend zuträglich oder dem Laster förderlich ist – wenn weder das eine noch das andere, ist es mit völliger Gleichgültigkeit zu betrachten. Tugend ist unteilbar. Es werden keine Abschlüsse zugelassen. Wer sich der Tugend nur annähert, wie nahe sie auch sein mag, wird dennoch als außerhalb ihres Bereichs betrachtet. Nur der weise Mann kann tugendhaft sein. Er braucht keine Pflichtvorschriften. Seinen Intuitionen ist immer zu vertrauen. Sein Rechtsempfinden lässt sich nicht blenden oder in die Irre führen. Was diejenigen betrifft, die diesen hohen philosophischen Boden nicht beanspruchen, so können sie, auch wenn sie nicht wirklich tugendhaft sein können, dennoch einen gewissen Anschein und Anschein von Tugend erbringen, und ihnen kann dabei durch Vorschriften und ethische Unterweisung geholfen werden. [20] Viele von ihnen verfassten Abhandlungen über praktische Moral zum Wohle derjenigen, die aufgrund ihres Mangels an wahrer Weisheit eine solche Führung brauchten und gleichzeitig so bereit waren, sie anzunehmen und zu befolgen später Stoiker, und dass es in Rom Lehrer dieser Schule gab, die Funktionen ausübten, die denen des christlichen Predigers und Pfarrers sehr ähnlich waren.

Der Stoizismus fand **seinen kongenialsten Boden** in der strengen, zähen Integrität und im Patriotismus jener Römer, deren unbestechliche Tugend das einzig erlösende Merkmal der untergehenden Tage der Republik und der Verweichlichung und groben Verderbtheit des Imperiums ist. Senecas ethische Schriften [21] sind fast christlich, nicht nur in ihrer treuen Zurechtweisung jeder Form von Unrecht, sondern auch in ihrer liebevollen Menschlichkeit gegenüber den Armen, den Sklaven, den Opfern der Unterdrückung, in ihrer universellen Philanthropie und in ihren Geboten der Geduld im Leid , Nachsicht, Vergebung und die Vergeltung von Gutem mit Bösem. Epictetus, der deformierte Sklave eines launischen und grausamen Herrn, der aus reiner Willkür geschlagen und verkrüppelt wurde und in seinen letzten Jahren das Wahlrecht erhielt, nur um ins Exil getrieben zu werden und die tiefsten Tiefen der Armut zu erkunden, zeigte eine Art heroischer Tugend, die es kaum jemals gegeben hat von einem Normalsterblichen erreicht, vielleicht nie übertroffen; und obwohl er, wie bereits gesagt wurde, die Vernichtung als das Ziel des Lebens ansah, bewahrte er einen so freudigen Geist und hinterließ in seinen Schriften ein so anziehendes Bild einer heiteren und überaus glücklichen Seele, dass er Unterstützung und Trost spendete an Scharen der mutigsten und besten Schüler der im Himmel geborenen Religion, die er – wenn überhaupt – nur durch ihre Verleumder und Verfolger kennengelernt haben kann. Marcus Aurelius bewahrte in einem verwandten Geist und unter den noch schwereren Lasten eines schwankenden Reiches, innerer Unstimmigkeiten sowie Niederlagen und Katastrophen im Ausland die strengste Einfachheit und Reinheit des Lebens, nutzte Teile seiner geschäftigsten Tage der andächtigen Kontemplation und meditierte ständig darüber Tod und disziplinierte sich, das Lob von Schmeichlern ebenso mit Verachtung zu betrachten wie die Möglichkeit posthumen Ruhms. Wir haben, besonders in Neros Regierungszeit, die Aufzeichnungen von nicht wenigen Männern und Frauen von gleichem Geist und Charakter, deren erhabene und unantastbare Tugend nur an liebevollem Glauben und zweifelsfreiem Vertrauen in eine väterliche Vorsehung mangelte, um sie mit den Besten unter den Aposteln und Märtyrern gleichzusetzen der christlichen Kirche.

Die skeptische Schule der Philosophie erhebt in diesem Zusammenhang einen kurzen Hinweis. Obwohl der Pyrrhonismus im allgemeinen Sprachgebrauch so sehr mit dem Namen eines einzelnen Philosophen identifiziert wird, dass er ein Synonym für Skeptizismus ist, war er viel älter als Pyrrho und weit zahlreicher als seine erklärten Anhänger. Die Lehrer dieser Schule waren der Ansicht, dass objektive Wahrheit unerreichbar sei. Nicht nur variieren die Wahrnehmungen und Vorstellungen verschiedener

Personen hinsichtlich jedes Wissensgegenstandes; aber die Wahrnehmungen und Vorstellungen derselben Personen in Bezug auf dasselbe Objekt variieren zu verschiedenen Zeiten. Mehr noch: Gleichzeitig übermittelt ein Sinn Eindrücke, die ein anderer Sinn möglicherweise verneint, und nicht selten verneint das Reflexionsvermögen alle von den Sinnen herrührenden Eindrücke und bildet eine Vorstellung, die ganz anders ist als die, die durch die Sinnesorgane Gestalt angenommen hätte . Die Seele, die wissen will, ist daher in ständiger Aufregung. Aber das Glück besteht in der Unerschütterlichkeit des Geistes, das heißt in der Schwebe des Urteils; Und da es unsere Pflicht ist, unser eigenes Glück zu fördern, ist es unsere Pflicht, ohne Verlangen oder Furcht, ohne Vorliebe oder Abscheu, Liebe oder Hass, in völliger Apathie zu leben – ein Leben, für das Mohammeds sagenumwobener Sarg das treffendste Symbol ist.

Die **Neue Akademie** , deren Philosophie eine Mischung aus Platonismus und Pyrrhonismus war, leugnete zwar die Möglichkeit, objektive Wahrheit festzustellen, lehrte jedoch, dass bei allen Themen der spekulativen Philosophie Wahrscheinlichkeit erreichbar ist und dass, wenn das betreffende Thema eines ist, das dies zulässt Wenn darauf reagiert wird, ist es die Pflicht des moralischen Handelnden, in Übereinstimmung mit der Wahrscheinlichkeit zu handeln – den Weg zu verfolgen, für den mehr und bessere Gründe angeführt werden können. Es gibt moralische Handlungen und Gewohnheiten, die im Einklang mit der Vernunft und der Natur der Dinge zu stehen scheinen. Es kann sein, dass wir uns irren, wenn wir das denken; doch die Wahrscheinlichkeit, dass sie es sind, schafft eine moralische Verpflichtung zu ihren Gunsten. Die Neue Akademie erklärte sich hypothetisch mit der Ethik der peripatetischen Schule einverstanden und behauptete daher, dass der Mittelwert zwischen zwei Extremen wahrscheinlich mit Recht und Pflicht übereinstimme und dass Tugend wahrscheinlich das höchste Gut des Menschen sei, ohne dass es an sich jedoch wahrscheinlich nicht ausreichend sei die Hinzufügung äußerer Vorteile.

Cicero betrachtete sich als Mitglied der Neuen Akademie. Seine Instinkte als Anwalt, die oft durch berufliche Erfordernisse dazu veranlasst wurden, das zu leugnen, was er zuvor behauptet hatte, machten ihm die Skepsis dieser Schule sympathisch; während seine Liebe zu eleganter Leichtigkeit und Luxus und sein Mangel an moralischem Mut eher mit der praktischen Ethik der Peripatetiker als mit dem strengeren System der Stoiker harmonierten. Gleichzeitig brachten ihn sein reiner moralischer Geschmack und seine aufrichtige Ehrfurcht vor der Rechten in Sympathie mit der stoischen Schule. Sein „De Officiis" ist eine Darstellung des stoischen Ethiksystems, allerdings von einem erklärten Anhänger einer anderen Philosophie. Es ist, als ob ein Mohammedaner, ohne seine eigene Religion zu verleugnen, eine Darlegung der Ethik des Christentums mit der Begründung unternehmen sollte, dass Mohammed, obwohl er ein echter Prophet war, es im Neuen Testament dennoch eine höhere und reinere Moral gab als im Koran.

Kapitel XV.

Moderne Geschichte der Moralphilosophie.

Mehrere Jahrhunderte lang nach der Zerstörung des Weströmischen Reiches existierte die Philosophie kaum noch außer in ihren Aufzeichnungen, und diese blieben hauptsächlich auf Pergament erhalten, halb ausgelöscht und von etwas bedeckt, das im (so genannten) Dunklen Zeitalter an die Stelle der Literatur trat, und schließlich durch eine so winzige und ermüdende Mühe entschlüsselt, wie sie nur mittelalterliche Klöster jemals geleistet haben. Lange Zeit waren Klöster die einzigen Schulen, und in diesen waren die damaligen Gelehrten entweder nacheinander oder abwechselnd Lernende und Lehrer, daher die Bezeichnung „*Schoolmen*". Die gelehrten Männer, die diesen Namen tragen, liebten die Kasuistik und diskutierten eingebildete und oft unmögliche Fälle mit großer Sorgfalt (ihre Leser hätten größere Mühe gehabt); aber soweit wir wissen, haben sie keine systematischen Abhandlungen über Moralphilosophie hinterlassen und kein System überliefert, das ihnen seine besonderen Merkmale verdankt. Dennoch finden wir unter ihnen eine sehr breite Meinungsverschiedenheit über den Grund des Rechts. Die grundlegende Position der Stoiker, dass Tugend Konformität mit der Natur und daher unabhängig von ausdrücklicher Gesetzgebung ist – nicht durch menschliches oder göttliches Gesetz geschaffen, sondern die Quelle und der Ursprung des Gesetzes – hatte starke, aber wenige Verfechter; während die augustinische Theologie, die damals fast universell war, den Epikureismus ersetzte, indem sie die intrinsischen und unauslöschlichen moralischen Qualitäten von Handlungen leugnete. Die extremen Augustiner betrachteten das positive Gebot Gottes als alleinige Ursache und Grundlage des Rechts, sodass gerade die Dinge, die unter den strengsten Strafen verboten sind, tugendhaft und lobenswert würden, wenn sie von göttlicher Autorität angeordnet würden. William von Ockham, einer der berühmtesten englischen Gelehrten, schrieb: „Wenn Gott seinen Geschöpfen befehlen würde, sich selbst zu hassen, wäre der Hass auf Gott die Pflicht des Menschen."

Die **früheste moderne** Moraltheorie, die auffallende Besonderheiten aufwies, war die von **Hobbes** (1588–1679 N. CHR.), der allein dem Stress seiner Zeit zu verdanken hatte, sowohl für sein System als auch für die dürftigen Folgen, die es möglicherweise hatte. Er war von Kindheit an ein überzeugter Royalist und war kurz nach seinem Verlassen der Universität Lehrer eines treuen Adligen und später von Karl II. in den ersten Jahren seines Exils; und die parlamentarischen und puritanischen Ausschreitungen schienen ihm gegen alles Erhabene und Ehrwürdige gerichtet zu sein und dazu geeignet zu sein, die Gesellschaft zu stürzen, den Fortschritt rückgängig zu machen und die Zivilisation zu vernichten. Seiner Meinung nach sind Menschen von Natur aus Feinde des anderen und können nur durch Gewalt oder Angst von innerer Feindseligkeit abgehalten werden. Eine instinktive Wahrnehmung dieser Wahrheit in den Kinderschuhen der Gesellschaft führte zur Entstehung monarchischer und absoluter Regierungsformen; Denn nur durch eine solche Zentralisierung und Anhäufung der Macht, die sich gegen jeden Friedensstörer richten konnte, konnten die einzelnen Mitglieder der Gesellschaft ihr Eigentum oder ihr Leben in Sicherheit halten. Der König regiert somit aufgrund der menschlichen Notwendigkeit, und Gehorsam ihm gegenüber und gegenüber den unter ihm eingesetzten Autoritäten ist die einzige Pflicht des Menschen und die Summe der Tugend. Macht schafft Recht. Gewissen ist nur ein anderer Name für die Angst vor Strafe. Die enge Verbindung der Religion mit der bürgerlichen Freiheit im englischen Commonwealth hat zweifellos viel dazu beigetragen, bei Hobbes jeglichen religiösen Glauben auszurotten; und obwohl er das Christentum nicht offen angriff, hielt er an der Pflicht fest, sich völlig an die Religion des Monarchen zu halten, was auch immer diese sein mag, was natürlich einer Leugnung der objektiven religiösen Wahrheit gleichkommt. [22]

Vater der modernen Ethikphilosophie angesehen werden – nicht, dass er Kinder nach seinem Vorbild hatte; aber seine Spekulationen waren für denkende und ernsthafte Menschen gleichermaßen so abstoßend, dass sie Nachforschungen anregten und die geistige Aktivität auf einem Gebiet anregten, das zuvor vernachlässigt worden war.

Cudworth (1617–1688 N. CHR .) aufgegriffen , dem gelehrtesten Mann seiner Zeit, dessen „Intellektuelles System des Universums" ein Wunderwerk der Gelehrsamkeit ist – ein Werk, in dem seine eigenen Gedanken enthalten sind Der Fluss ist so vollgestopft mit Zitaten, Autoritäten und einer Menge rätselhafter Überlieferungen, dass es kaum möglich ist, die Windungen des Flusses nach den Trümmern goldhaltiger Gesteine zu verfolgen, die seinen Fluss behindern. Die Abhandlung, mit der wir uns befassen, ist die „Ewige und unveränderliche Moral". Darin behauptet er, dass das Recht unabhängig von jeglicher Autorität aufgrund der Natur der Dinge in Ko-Ewigkeit mit dem Höchsten Wesen existiert. Er ist so weit davon entfernt, die Möglichkeit eines Widerspruchs zwischen dem göttlichen Willen und dem absoluten Recht anzuerkennen, dass er den Spieß gegen seine Gegner umdreht und diejenigen seiner Zeitgenossen zu den Atheisten zählt, die behaupten, dass Gott befehlen kann, was dem intrinsischen Recht widerspricht; dass Er keine Neigung zum Wohl seiner Geschöpfe hat; dass Er ein unschuldiges Wesen mit Recht zu ewigen Qualen verurteilen kann; oder dass alles, was Gott will, nur deshalb geschieht, weil Er es will.

Samuel Clarke (1675–1729 n. CHR.) folgte Cudworth in derselben Gedankenrichtung. Es wird angenommen, dass er der erste Schriftsteller war, der den Begriff *Fitness* als Definition des Grundes des unveränderlichen und ewigen Rechts verwendete, obwohl die Idee der Fitness zwangsläufig jedem System oder jeder Theorie zugrunde liegt, die der Tugend eine intrinsische Gültigkeit zuschreibt.

Shaftesbury (1671-1713 n. CHR.) stellt die Tugend dar, die nicht in der Natur oder den Beziehungen der Dinge liegt, sondern in der Auswirkung von Handlungen auf das Wohlergehen oder Glück anderer Wesen als des Handelnden. Wohlwollen ist Tugend; und der Verdienst der Handlung und des Handelnden wird durch den Grad bestimmt, in dem bestimmte Neigungen in der allgemeinen Philanthropie verschmolzen sind, und es wird nicht auf einzelne Nutznießer oder Vorteile Bezug genommen, sondern auf das gesamte System der Dinge, das der Handelnde bildet Teil. Die Zuneigungen, aus denen solche Handlungen hervorgehen, empfehlen sich dem moralischen Sinn und sind notwendigerweise Gegenstand der Wertschätzung und Liebe. Aber der moralische Sinn nimmt nur die Affekte wahr, nicht die Taten selbst; Und da der konventionelle Standard des Wünschenswerten und Nützlichen je nach Rasse, Zeit und Kultur variiert, können die Handlungen, die die Zuneigungen hervorrufen und die daher tugendhaft sind, in einem bestimmten Zeitalter oder Land geschehen, so wie es bei den Menschen eines anderen Jahrhunderts oder Landes der Fall sein kann mit Abscheu ablehnen. Las Casas vollbrachte dieser Theorie zufolge eine tugendhafte Tat, als er die Negersklaverei in Amerika einführte, mit dem inbrünstigen, wohlwollenden Ziel, die Nöte der schwachen und überforderten Ureinwohner zu lindern; Hätte er sich jedoch einmal mit der Frage des intrinsischen Rechts oder der natürlichen Eignung befasst, wäre ein so würdig geehrter Name nie mit dem schlimmsten Verbrechen der modernen Zivilisation in Verbindung gebracht worden.

Laut **Adam Smith** (1723–1790 n. CHR .) hängen moralische Unterscheidungen ausschließlich von Sympathie ab. Wir billigen bei anderen, was unserem eigenen Geschmack und unseren Gewohnheiten entspricht; wir missbilligen alles, was sich ihnen entgegenstellt. Was unser eigenes Verhalten betrifft, „halten wir uns", schreibt er, „für die Zuschauer unseres eigenen Verhaltens und versuchen uns vorzustellen, welche Wirkung es in dieser Hinsicht auf uns haben würde." Unser Pflichtgefühl beruht ausschließlich darauf, dass wir uns in die Lage anderer versetzen und fragen, was sie an uns gutheißen würden. Das Gewissen ist also eine kollektive und korporative, keine individuelle Fähigkeit. Es wird durch die vorherrschenden Meinungen der Community erstellt. Es kann keine einsame Tugend geben; denn ohne Sympathie gibt es keine Selbstgenehmigung. Aus Gründen der Vernunft kann die Pflicht des Einzelnen niemals über das durchschnittliche Gewissen der Gemeinschaft hinausgehen. Diese Theorie beschreibt die Gesellschaft so, wie sie ist, nicht so, wie sie sein sollte. Leider sind wir in unserer Praxis eher konventionell als in unseren Überzeugungen. Aber es gehört zur wahren Männlichkeit, das Gewissen als inneres und nicht als äußeres Organ zu haben, sich Vorstellungen von Recht und Pflicht für sich selbst zu bilden und zu verwirklichen und, wenn nötig, allein zu stehen und zu gehen, wie es offensichtlich ist Es gibt nicht wenige kritische Momente, und wie es nicht selten in der inneren Erfahrung eines jeden Menschen gibt, der seine Pflicht tun will.

Butler (1692-1752 n. CHR.) zielt in seinen „Ethischen Diskursen" hauptsächlich und erfolgreich darauf ab, die rechtmäßige Vorherrschaft des Gewissens zu demonstrieren. Seine Lieblingsvorstellung ist, dass der Mensch selbst ein Haushalt [*eine Wirtschaft*] ist – die verschiedenen Neigungen, Begierden, Leidenschaften und Zuneigungen, die Mitglieder – das Gewissen, das Oberhaupt, das von allen als solches anerkannt wird, so dass es, wann immer, existiert ihre Souveränität ist Eigentum, eine innere Ruhe und Zufriedenheit; Wenn ihr nicht gehorcht wird, entsteht ein Gefühl von Zwietracht und Rebellion, von Unruhe und Unruhe. Das ist fundiert und unbestreitbar, und es kann nicht klarer ausgedrückt oder anschaulicher dargestellt werden als von Butler; aber er betrachtet das Gewissen offensichtlich nicht weniger als Gesetzgeber als als Richter und erkennt daher keinen objektiven Rechtsstandard an. Es ist offensichtlich, dass es seiner Meinung nach kein Kriterium gibt , anhand dessen ehrlich fehlerhafte moralische Urteile revidiert werden können oder anhand dessen eine Unterscheidung zwischen den Ergebnissen von Bildung oder unfreiwilligen Vorurteilen und dem Recht getroffen werden kann, wie es durch die Natur der Dinge und die Natur der Dinge bestimmt wird Standard der intrinsischen Fitness.

Von allen modernen ethischen Schriftstellern seit der Zeit von Cudworth und Clarke kommt keiner auch nur annähernd an die Position heran, die **Richard Price** (1723-1791 n. CHR.), ein abweichender Londoner Geistlicher, ein glühender Verfechter der amerikanischen Unabhängigkeit und enger Freund von John Adams, einnimmt . Er behauptete, dass Recht und Unrecht inhärente und notwendige, unveränderliche und ewige Eigenschaften seien, die nicht vom Willen oder Befehl, sondern von der inneren Natur der Handlung abhingen und mit unfehlbarer Genauigkeit vom Gewissen bestimmt würden, wann immer die Natur des Falles klar bekannt sei. „Moral", schreibt er, „ist auf einer unbeweglichen Grundlage fixiert und scheint in keiner Weise künstlich zu sein oder die willkürliche Erzeugung irgendeiner menschlichen oder göttlichen Macht; aber gleichermaßen ewig und notwendig bei aller Wahrheit und Vernunft." „Tugend ist von intrinsischem Wert und von unabdingbarer Verpflichtung; nicht das

Geschöpf des Willens, sondern notwendig und unveränderlich; nicht lokal und vorübergehend, sondern von gleichem Ausmaß und Alter wie der göttliche Geist; nicht von der Macht abhängig, sondern der Führer aller Macht." [23]

Paley (1743–1805 n. CHR .) gibt eine Definition von Tugend, die durch die Kombination dreier Teiltheorien bemerkenswert ist. Tugend ist für ihn „das Wohltun für die Menschheit, im Gehorsam gegenüber dem Willen Gottes und im Interesse ewiger Glückseligkeit". Zu dieser Definition kann gesagt werden: 1. Der Menschheit Gutes zu tun ist in der Tat Tugend; aber es ist keineswegs die ganze Tugend. 2. Gehorsam gegenüber dem Willen Gottes ist unsere Pflicht; aber es ist so, weil sein Wille notwendigerweise dem Passenden und Rechten entsprechen muss. Könnten wir uns vorstellen, dass die Allmacht das befiehlt, was an sich unpassend und falsch ist, wäre nicht der tugendhafte Mensch der Diener Gottes, sondern der Prometheus, der die unversöhnliche Rache einer ungerechten Gottheit erleidet. 3. Auch wenn ewiges Glück das Ergebnis von Tugend ist, ist es weder der Grund noch der Grund dafür. Wären wir auf die Erde beschränkt, würde die Tugend nichts von ihrer Verpflichtung verlieren. Epictetus führte ein so tugendhaftes Leben, als ob der Himmel seinem Glauben und seiner Hoffnung offen gestanden hätte. – Paleys System kann im Detail als das von Shaftesbury beschrieben werden, mit einer äußeren Reinigung des Christentums; Shaftesbury war ein sogenannter Freidenker, während Paley ein aufrichtiger Anhänger der christlichen Offenbarung war und einen großen und wirksamen Beitrag zur Verteidigung des Christentums und zur Veranschaulichung seiner Aufzeichnungen leistete. Das Hauptverdienst von Paleys Abhandlung über Moralphilosophie besteht darin, dass sie die göttliche Autorität der moralischen Lehren des Neuen Testaments klar und nachdrücklich anerkennt, obwohl der Autor sie bei ihrer Darlegung allzu häufig durch Erwägungen der Zweckmäßigkeit verwässert.

Jeremy Bentham (1747–1832 n. CHR .) ist Paley *ohne* Christentum. Das größte Wohl der größten Zahl sei für ihn Ziel und Kriterium der Tugend. Zu diesem alleinigen Zweck sollten moralische Regeln aufgestellt werden; und dies sollte der durchdringende Zweck aller Rechtsvorschriften sein. Benthams Werke sind sehr umfangreich und decken klug und gut nahezu jeden Bereich des häuslichen, sozialen, öffentlichen und nationalen Lebens ab. Das Schlimmste, was man über seine politischen Schriften sagen kann, ist, dass sie ihrer Zeit voraus sind – im wahrsten Sinne des Wortes utopisch; [24] denn es wäre gut mit dem Land, das bereit war, seine Ansichten zu verkörpern. Aber leider haben seine Prinzipien keine Kraft zur Selbstverwirklichung. Sie sind wie eine Uhr, in allen anderen Teilen perfekt, aber ohne Antriebsfeder. Bentham betrachtet den einzelnen Menschen als eine Instanz und nicht als ein intellektuelles und moralisches Ganzes. Er muss unter Joch und Geschirr für weitreichende und ferne Ziele arbeiten, die über das Verständnis gewöhnlicher Sterblicher hinausgehen; und er muss alle Teilbestrebungen und näheren Ziele Regeln unterordnen, die von Weisen und Gesetzgebern aus Erwägungen des allgemeinen Nutzens abgeleitet werden. Benthams Einfluss auf die Gesetzgebung, insbesondere auf das Strafrecht, war auf beiden Seiten des Atlantiks positiv zu spüren. Im Bereich der reinen Ethik gibt es keine wesentlichen Unterschiede zwischen ihm und anderen Autoren der utilitaristischen Schule. [25]

* * * * *

In **Frankreich** gab es in den am weitesten verbreiteten ethischen Systemen ein großes Übergewicht an Sinnlichkeit, Zweckmäßigkeit und Selbstsucht. Unter den französischen Philosophen des letzten Jahrhunderts gab es zahlreiche ausführliche ethische Spekulationen und Theorien; aber unter ihnen können wir uns an keinen einzigen Schriftsteller erinnern, der einen höheren Standpunkt vertrat als Bentham, außer dass Rousseau – vielleicht der unmoralischste von allen –, der insofern ein Epikureer war, als er irgendeine Philosophie hatte, manchmal in sentimentalen Schwärmereien über die ihm innewohnende Schönheit schwelgt und Lieblichkeit einer Tugend, die er nur dem Namen nach kannte.

Malebranche (1638–1714 n. CHR.), dessen Hauptschriften aus dem vorigen Jahrhundert stammen, vertritt völlig gegensätzliche Ansichten und Tendenzen. Er unterscheidet sich kaum von Samuel Clarke, außer in der Ausdrucksweise. Er verwandelt Tugend in Liebe zur universalen Ordnung und deren Konformität im Verhalten. Diese Ordnung erfordert , dass wir alle Wesen und Gegenstände im Verhältnis zu ihrem relativen Wert schätzen und lieben und dass wir diesen relativen Wert in unseren Lebensregeln und Gewohnheiten anerkennen. Daher soll der Mensch höher geschätzt werden und eifriger bedient werden als die niederen Tiere, weil er mehr wert ist; und Gott muss unendlich mehr geliebt werden als der Mensch und ihm muss immer gehorcht und ihm gedient werden, und zwar vor dem Menschen, weil er unermesslich mehr wert ist als die Wesen, die ihre Existenz von ihm ableiten. Malebranche schreibt dem Höchsten Wesen nicht die willkürliche Ausübung von Macht bei der Begründung des Rechts zu, sondern die Anerkennung der Ordnung, die das einzige Gesetz des Menschen ist, in seiner Herrschaft über die Welt und in seinem offenbaren Willen. „Souveräne Fürsten", sagt er, „haben kein Recht, ihre Autorität ohne Grund auszuüben." Sogar Gott hat kein solch elendes Recht."

Fast zur gleichen Zeit begann die ethische Kontroverse zwischen **Fénélon** (1651–1715 N . CHR.) und **Bossuet** (1627–1704 n. CHR .) über die Möglichkeit und Verpflichtung uneigennütziger Tugend. Fénélon und die Quietisten, die mit ihm sympathisierten, behaupteten, dass die reine Liebe Gottes, ohne jeglichen Selbstbezug oder Rücksicht auf das eigene Wohlergehen, weder hier noch in der Zukunft, das Ziel und die Prüfung menschlicher Vollkommenheit sei dass nichts darunter – nichts, was auf etwas Geringeres abzielt oder strebt – den Namen Tugend verdient. Bossuet verteidigte die selbstsüchtige Tugendtheorie, attackierte seinen liebenswürdigen Gegner mit skrupelloser Härte und Bitterkeit und erreichte, dass der römische Hof – wenn auch gegen den Willen des Papstes – die abscheuliche Lehre verurteilte. Der Papst bemerkte mit einer wohlüberlegten Gegenthese, dass Fénélon möglicherweise aus Übermaß in der Liebe zu Gott geirrt habe, während Bossuet aus Mangel an Liebe zu seinem Nächsten gesündigt habe.

Unter den neueren französischen Moralisten sind die bekanntesten Namen die von **Jouffroy** und **Cousin** , die – jeder mit einer eigenen Terminologie – mit Malebranche darin übereinstimmen, dass Recht und Unrecht als inhärente und wesentliche Merkmale von Handlungen angesehen werden und dass sie ihre Quelle und den Ursprung haben Grund ihrer Gültigkeit in der Natur der Dinge. Das Ziel von Cousins bekannter Abhandlung über „Das Wahre, das Schöne und das Gute" ist rein ethischer Natur, und das Werk zielt darauf ab, die drei Mitglieder der platonischen Triade mit entsprechenden Attributen des Unendlichen Wesens zu identifizieren – Attributen, die , praktisch eins, haben ihr Gegenstück und ihre Manifestation in der Ordnung der Natur und der Regierung des Universums.

* * * * *

In **Deutschland** ignorieren die Notwendigkeitsphilosophen der pantheistischen Schule die Ethik, indem sie Wahl und moralisches Handeln unmöglich machen. Der Mensch hat keine ausgeprägte und eigenständige Persönlichkeit. Dem Anschein nach ist er für eine kurze Zeit von der Seele des Universums (*anima mundi*) getrennt, in Wirklichkeit jedoch nicht mehr von ihr als ein Felsbrocken oder ein Treibholzstamm von der Oberfläche, auf der er ruht. Er bleibt immer noch ein Teil der universellen Seele, der vielgestaltige, allumfassende Gott, der selbst kein selbstbewusstes, freiwilliges Wesen ist, sondern in allen seinen Teilen und Gliedern und nicht weniger als in allem anderen von der Notwendigkeit getrieben wird , in jenen menschlichen Gliedern, durch die er allein zu einem fragmentarischen Selbstbewusstsein gelangt.

Nach **Kant** erkennt die Vernunft intuitiv Wahrheiten, die notwendig, absolut und universell sind. Die theoretische Vernunft erkennt solche Wahrheiten im Bereich der Ontologie und in den Beziehungen und Gesetzen, die allen Themen der physikalischen Forschung zugrunde liegen. Ebenso nimmt die praktische Vernunft intuitiv die Bedingungen und Gesetze wahr, die den Objekten moralischen Handelns innewohnen – das heißt, wie Malebranche gesagt hätte, die Elemente der universellen Ordnung oder, in der Sprache von Clarke, die Eignung der Dinge. So wie der Geist notwendigerweise Denkobjekte unter den Kategorien betrachten und erkennen muss, die von der theoretischen Vernunft intuitiv erkannt werden, so muss der Wille durch die Bedingungen und Gesetze bewegt werden, die von der praktischen Vernunft intuitiv erkannt werden. Diese Intuition ist Gesetz und Verpflichtung. Der Mensch kann ihm gehorchen, und ihm zu gehorchen ist Tugend. Er kann ihr nicht gehorchen und gibt dabei nicht der Notwendigkeit nach, sondern trifft eine freiwillige Entscheidung zwischen Unrecht und Bösem.

* * * * *

Aus dem historischen Überblick in diesem und dem vorherigen Kapitel geht hervor, dass – wie eingangs gesagt wurde – **alle ethischen Systeme sich in die beiden Klassen auflösen, für die die Epikureer und die Stoiker die ursprünglichen Typen lieferten** – diejenigen, die Tugend schaffen ein Unfall, eine Variable, abhängig von Autorität, Anlass oder Umständen; und diejenigen, die ihm ein intrinsisches Recht, Unveränderlichkeit, Gültigkeit und Vorherrschaft verleihen. Bei Themen von grundlegender Bedeutung ist die Meinung von größter Bedeutung. Verhalten resultiert aus Gefühlen und Gefühlen aus Meinungen. Wir möchten, dass die Jugend von der frühesten Phase ihrer moralischen Entscheidungsfreiheit an in dem Glauben verankert ist, dass Recht und Unrecht unveränderlich sind, dass sie keine Orte, keine Meridiane haben und dass sich ihre Bedingungen und Gesetze ändern, wenn sich die Umgebung ändert variieren ebenso wenig wie die der Planeten- oder Sternbewegung. Lassen Sie ihn spüren, dass richtig und falsch nicht bloße Gebote menschlicher Lehren sind, ja, nicht einmal durch Offenbarung geschaffen werden; aber ihre unveränderliche Unterscheidung möge sich seinem Bewusstsein in jenen erhabenen Worten ausdrücken, die dazu gehören, wie sie in der Heiligen Schrift personifiziert sind: „Jehova besaß mich vom Anfang seines Weges an, vor seinen Werken in alter Zeit." Ich wurde von Ewigkeit an errichtet, von Anfang an, oder seit jeher die Erde existierte. Als Er den Himmel bereitete, war ich dabei. Als er die Grundfesten der Erde festlegte, da war ich bei ihm." Diese Vorstellung von der göttlichen und ewigen Heiligkeit der Tugend ist eine immerwährende Kraftquelle. Wer dies hat, denkt nicht, dass er Macht über die Rechte hat, sie durch seine Wahl beeinflussen oder ihren Standard durch sein Handeln verändern kann; aber es überwältigt ihn und befreit ihn, indem es es unterwirft, erfüllt und energetisiert sein ganzes Wesen, veredelt alle seine Kräfte, erhöht und heiligt alle seine Zuneigungen, macht ihn zum Priester Gottes und zum König unter den Menschen.

Fußnoten

1. *Mitgefühl* sollte von seiner Ableitung her die gleiche Bedeutung haben wie *Sympathie* ; aber im allgemeinen Sprachgebrauch ist es gleichbedeutend mit Mitleid.

2. „Ignorantia legis neminem excusat."

3. Die Theorie, dass Seneca den heiligen Paulus kannte oder *direkten* Verkehr mit Christen in Rom oder anderswo hatte, hat keine historischen Beweise und beruht auf Annahmen, die durch bekannte Fakten widerlegt werden.

4. *Virtutes leniores* , wie Cicero sie nennt.

5. Die Pflicht der Gesellschaft, den Mörder mit der Todesstrafe zu belegen, wurde auf der Grundlage des entsprechenden göttlichen Befehls aufrechterhalten, der angeblich Noah gegeben wurde und daher für seine gesamte Nachkommenschaft bindend war. (Genesis ix. 5.) Meine eigene Überzeugung – basierend auf einer sorgfältigen Untersuchung des hebräischen Textes – ist, dass der *menschliche* Mörder in diesem Gebot nicht erwähnt wird, sondern dass es einfach die Tötung des Tieres erfordert, das den Tod verursachen sollte eines Mannes – eine Vorsichtsmaßnahme, die in einem rauen Zustand der Gesellschaft leicht vernachlässigt werden konnte und zu den besonderen Vorschriften des mosaischen Gesetzes gehörte. (Exodus xxi . 38.) Wenn jedoch die übliche Interpretation beibehalten wird, erfordert das Gebot das Vergießen des Blutes des Mörders durch den *Bruder oder nächsten Verwandten des ermordeten Mannes und wird nicht befolgt, indem der Mörder dem Galgen* übergeben wird der *öffentliche Henker* . Darüber hinaus schreibt dieselbe Reihe von Geboten eine Abstinenz von den natürlichen Säften tierischer Nahrung vor, was eine völlige Revolution in unseren Trümmern, Küchen und Tischen erfordern würde. Wenn diese Gebote göttliche Gebote für Menschen aller Zeiten wären, sollten sie vollständig befolgt werden; aber es ist die gröbste Widersprüchlichkeit und Absurdität, nur einen Teil von einem von ihnen für heilig zu halten und den Rest zu ignorieren.

6. Lateinisch, *virtus* , von *vir* , das nicht wie *homo* einfach ein menschliches Wesen bezeichnet, sondern einen Mann, der mit allen angemessenen männlichen Eigenschaften ausgestattet ist, und von derselben Wurzel wie *vis* , Stärke, stammt. Die griechischen Synonyme für *virtus* , ἀρετή , leiten sich von Ἄρης ab , dem Kriegsgott, der in den heroischen Tagen Griechenlands der ideale Mensch, der Maßstab menschlicher Exzellenz war und dessen Namen einige Lexikographen – wie es scheint – in Ehren halten me, etwas phantasievoll – durch seine Wurzel mit ἀνήρ verbunden , das ungefähr die gleiche Beziehung zu ἄνθρωπος hat wie *vir* zu *homo* .

7. In den Sprachen, die das Lateinische *virtus* geerbt oder übernommen haben , behält es seine ursprüngliche Bedeutung bei, mit einer auffälligen Ausnahme, die vielleicht eher dem Aussehen nach als der Realität nach eine Ausnahme ist. Im Italienischen wird virtu verwendet, um Geschmack zu bezeichnen, und *virtuoso* , das einen tugendhaften Mann bezeichnen kann, bedeutet oft einen Sammler von Geschmacksgegenständen. Wir haben hier ein historisches Wahrzeichen. Es gab eine Zeit, in der unter dem bürgerlichen Despotismus die alte römische Menschheit auf ihrem Heimatboden völlig ausgestorben war, während die kirchliche Korruption die edlere Idee der christlichen Menschheit zunichte machte; und dann war die höchste Art von Männlichkeit, die übrig blieb, die Kultur dieser verfeinerten Sensibilität, dieser dekorativen Künste und jenes scharfen Sinns für das Schöne, in dem Italien andere Länder umso weit übertraf, als es ihnen jahrhundertelang an körperlicher Tapferkeit und Tapferkeit unterlegen war in moralischer Rechtschaffenheit.

8. Offensichtlich können wir allein auf dieser Grundlage moralische Eigenschaften des Höchsten Wesens bestätigen. Wenn wir sagen, dass er vollkommen gerecht, rein, heilig und wohltätig ist, erkennen wir einen Urteilsmaßstab an, der logisch unabhängig von seiner Natur ist. Wir meinen, dass die Eignung, die das menschliche Gewissen als seinen einzigen Rechtsmaßstab anerkennt, das Gesetz ist, das er für seine eigene Verwaltung des Universums gewählt hat. Könnten wir uns eine Allmacht vorstellen, die dieses Gesetz nicht anerkennt, wären die Entscheidungen und Handlungen eines solchen Wesens nicht unbedingt richtig. Allmacht kann nicht das, was passt, falsch oder das, was unpassend ist, richtig machen. Gottes Entscheidungen und Taten sind nicht richtig, weil sie ihm gehören, sondern ihm, weil sie richtig sind.

9. Von *Cardo* , einem Scharnier.

10. Es handelt sich praktisch um Ciceros Einteilung in die *De Officiis* .

11. Die strittigen Punkte im Hinblick auf die Einhaltung von Sabbaticals gehören kaum zu einer grundlegenden Abhandlung über Ethik. Ich sollte jedoch keinen Zweifel an meiner eigenen Meinung lassen. Ich glaube also, dass der Rest des Sabbats eine Notwendigkeit der körperlichen und geistigen Konstitution des Menschen, der Tiere, die seinem Gebrauch dienen, und in gewissem Maße sogar der leblosen Agenten unter seiner Kontrolle ist, während die Sequestrierung der Die Abgrenzung zum Alltagsleben ist gleichermaßen eine moralische und religiöse Notwendigkeit. Den wöchentlichen Sabbat betrachte ich als ein Gebot der natürlichen Frömmigkeit und als eine urzeitliche Institution, die von Moses nachgestellt, nicht etabliert und von unserem Erlöser sanktioniert wurde, wenn er sich auf den Dekalog als eine Zusammenfassung moralischer Pflichten bezieht, wie

auch in verschiedenen anderen Formen und Wege. Was die Art und Weise der Einhaltung des Sabbatjahres betrifft, so wurden die einst in Neuengland üblichen strengen Abstinenz- und Sparmaßnahmen aus dem mosaischen Zeremoniengesetz abgeleitet und finden weder im Neuen Testament noch in den Gewohnheiten der frühen Christen eine Sanktion. Ich kann mir keine bessere Regel für den Tag des Herrn vorstellen, als dass jeder ihn so verbringt, dass er ihn so wenig wie möglich von seiner angemessenen Verwendung durch andere stört und ihn so nützlich wie möglich für seine eigene Entspannung von weltlichen Sorgen nutzt. und Wachstum in Weisheit und Güte.

12. Es war die Bösartigkeit, die die Frauen, die ihnen in den Zuneigungen und Familien ihrer Ehemänner nachfolgten, gegenüber den Kindern geschiedener Frauen zeigten, die in der römischen Literatur mit dem Namen einer Stiefmutter (*noverca*) die hasserfülltesten Assoziationen verbanden, die es sicherlich gab Kein Ort im modernen Christentum, wo die Stiefmutter häufig die mütterlichen Sorgen der verstorbenen Frau übernimmt, als wären sie von Natur aus ihre eigenen.

13. Wenn Jesus das Schwören beim Himmel verbietet, weil „er Gottes Thron ist", und bei der Erde, weil „sie sein Fußschemel ist" , liegt die Schlussfolgerung auf der Hand, dass aus noch stärkeren Gründen jedes direkte Schwören bei Gott selbst verboten ist. Das Wort μ ή τε, das die im diskutierten Text genannten Eide durch minderwertige Objekte einleitet, entspricht nicht selten unserer Phrase *nicht einmal* . Mit dieser Bedeutung von μ ή τε würde die Passage wie folgt wiedergegeben werden: „Aber ich sage euch: Schwöre überhaupt nicht, nicht einmal beim Himmel" usw.

> Ich finde, dass einige Autoren zu diesem Thema zur Geltendmachung von Eiden bei feierlichen Anlässen die Stellen in der Heiligen Schrift zitieren, in denen Gott bei sich selbst geschworen haben soll. Die Antwort liegt auf der Hand, dass kein Lebewesen bei sich selbst schwören kann, da die wesentliche Bedeutung eines Eides darin besteht, sich an ein anderes Wesen oder einen anderen Gegenstand als sich selbst zu wenden. Da Gott „bei keinem Größeren schwören kann", ist es sicher, dass diese Phraseologie, wenn sie in Bezug auf ihn verwendet wird, im übertragenen Sinne verwendet wird, um die Armut menschlicher Vorstellungen zu unterstützen und die Gewissheit seiner Verheißung durch die stärksten Ausdrücke der menschlichen Sprache auszudrücken bietet. In ähnlicher Weise sagen die heiligen Schriftsteller, dass Gott die beabsichtigte Vergeltung gegenüber Übeltätern bereut, nicht weil unendliche Gerechtigkeit und Liebe sich in Gedanken, Plänen oder Absichten ändern können, sondern

weil dem Menschen üblicherweise eine Änderung der Disposition und Gefühle vorausgeht Gnade gegenüber den Übeltätern.

14. Die abscheuliche Bedeutung *übermäßiger Zinsen* im Zusammenhang mit *Wucher* ist vergleichsweise neu. Im früheren Englisch, wie auch in unserer Bibelübersetzung, bezeichnet es jede Summe, die für die Verwendung von Geld gegeben wird.

15. In diesem Land weichen die Wuchergesetze schnell der wachsenden Intelligenz in Geldangelegenheiten. Wo immer sie in ihrer strengeren Form existieren, erhöhen sie nur den Zinssatz, den der Großteil der Kreditnehmerklasse zahlt, da der Kreditgeber nicht nur für die Verwendung seines Geldes und für das Risiko der Zahlungsunfähigkeit seines Gläubigers entschädigt werden muss zur Rückzahlung, sondern auch für das zusätzliche Risiko der Entdeckung, Strafverfolgung und Einziehung.

16. Dem Leser muss nicht gesagt werden, dass *Geduld* und *Leidenschaft* von verschiedenen Partizipien desselben Verbs abgeleitet sind. *Geduld* kommt vom Partizip Präsens und bezeichnet treffend den Geist, in dem dem gegenwärtigen Leiden begegnet werden sollte; *Leidenschaft* hingegen kommt vom Perfekt oder Partizip Perfekt und bezeichnet passenderweise den Zustand, der sich aus einer körperlichen, geistigen oder moralischen Zuneigung ergibt, die von außen herbeigeführt wird und ohne Protest oder Widerstand ertragen wurde.

17. Von *punctum* ein Punkt.

18. Ἡ δον ή .

19. Στο ά .

20. Die von den Stoikern verwendeten Wörter zur Bezeichnung spezifischer Pflichten, so wie sie dem allgemeinen Verständnis präsentiert werden, erkennen die intrinsische Eignung als Grundlage des Rechts an. Diese Pflichten werden im Griechischen als καθ ή κοντα bezeichnet , das heißt *angemessen* , und im Lateinischen *als officia* , von *ob* und *facio* , das, was *ob aliquid* aus einem zuweisbaren Grund getan wird.

21. Inwieweit Senecas Charakter durch seine Philosophie repräsentiert wurde, ist unserer Meinung nach eine ziemlich offene Frage. Dass der Beginn und das Ende seiner Karriere im Einklang mit seinen Lehren verliefen, ist sicher. Ebenso sicher ist, dass er als Höfling in verdächtiger Nähe zu schweren Skandalen und Verbrechen stand, wenn nicht sogar mitschuldig daran war. Die Beweise gegen ihn sind gewichtig, aber keineswegs schlüssig. Vielleicht verweilte er im Hof des Palastes in liebevoller Erinnerung an das, was Nero in seiner Jugend versprochen hatte, und in der unbegründeten Hoffnung, ihn wieder unter menschlichere Einflüsse zu bringen. Diese

Annahme wird durch die bekannte Tatsache noch wahrscheinlicher, dass Senecas persönliche Gewohnheiten während seines gesamten Hoflebens und ungeachtet seines großen Reichtums fast denen eines Einsiedlers entsprachen.

22. Spinozas ethisches System ähnelte stark dem von Hobbes. Er leugnete den inhärenten Unterschied zwischen richtig und falsch; aber er betrachtete *die Aristokratie* als die natürliche Ordnung der Gesellschaft. Bei ihm wie bei Hobbes besteht die Tugend ausschließlich im Gehorsam gegenüber der etablierten Autorität; und er ignorierte ein höheres Gesetz so völlig, dass er es für das Recht eines Staates hielt, einem Vertrag mit einem anderen Staat abzuschwören, wenn dessen Bedingungen nicht mehr zweckmäßig oder gewinnbringend waren.

23. Price' Moraltheorie wird mit einzigartiger Präzision und Kraft in einer der Bachelor-Ansprachen des verstorbenen Präsidenten Appleton vom Bowdoin College entwickelt.

24. Ε ὐ τ ό π ος .

25. Der Leser, der mit der Ethikliteratur in England und Amerika vertraut ist, wird in diesem Kapitel viele Namen vermissen, die einen Platz neben den bereits genannten verdienen. Aber innerhalb der für dieses Handbuch vorgeschlagenen Grenzen bestand die Alternative darin, einige wenige Schriftsteller aus denen auszuwählen, die das Denken ihrer eigenen und nachfolgenden Zeit maßgeblich beeinflusst haben, und jedem von ihnen etwas zuzuordnen, das seine Individualität kennzeichnen sollte; oder das Kapitel zu kaum mehr als einem Namenskatalog zu machen. Ersteres ist offensichtlich der vernünftigere Weg. Über lebende Schriftsteller wurde nichts gesagt – nicht weil es niemanden gäbe, der einen Ehrenplatz unter den Mitwirkenden dieser Wissenschaftsabteilung verdiente, sondern weil wir, wenn wir die Liste einmal aufschlagen würden, kaum wüssten, wo wir sie schließen sollen.

www.ingramcontent.com/pod-product-compliance
Lightning Source LLC
LaVergne TN
LVHW041204180726
843490LV00005B/1886